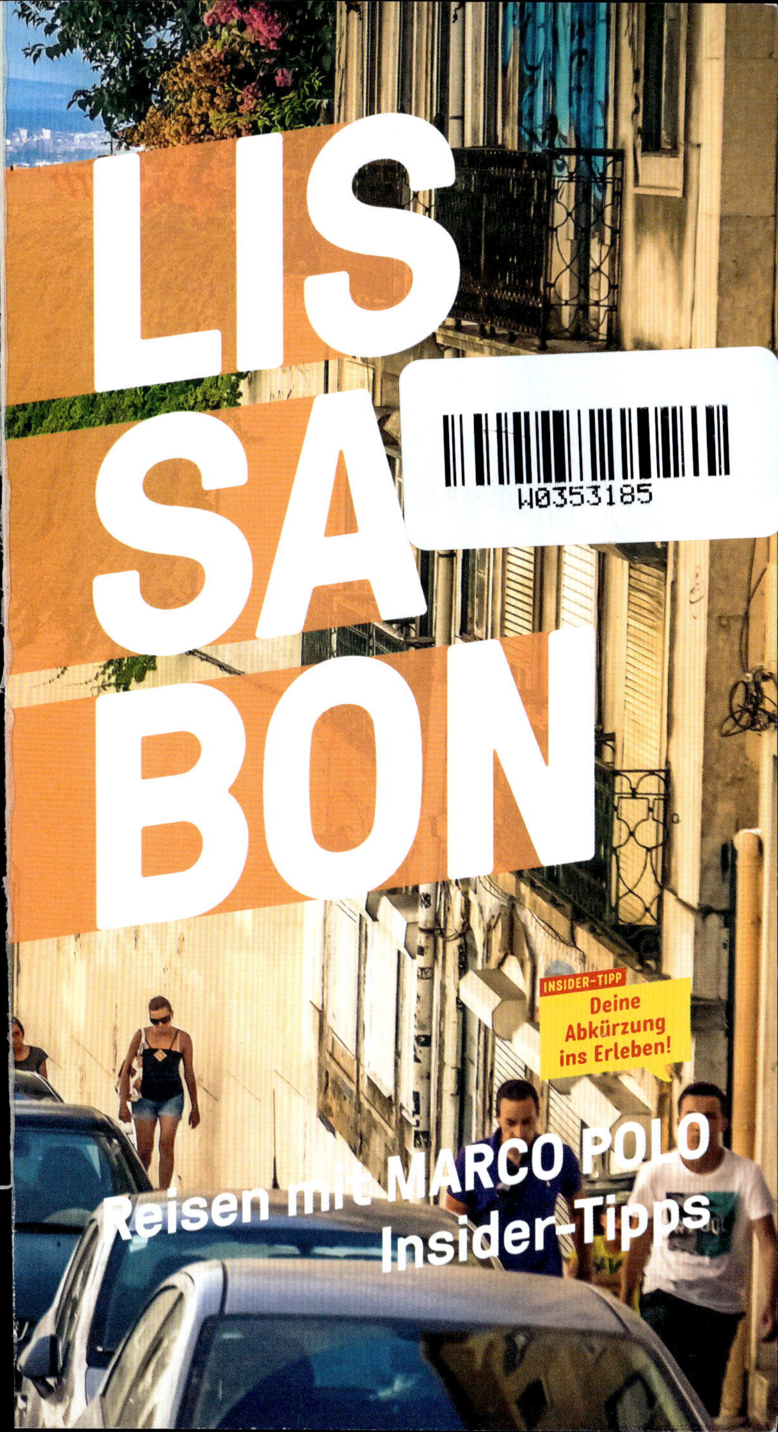
LIS
SA
BON
INSIDER-TIPP
Deine Abkürzung ins Erleben!
Reisen mit MARCO POLO Insider-Tipps

MARCO POLO TOP-HIGHLIGHTS

ELÉCTRICO 28 ★ 1
Mit der berühmten uralten Tram Nr. 28 ist eine Sightseeingtour durch die Sieben-Hügel-Stadt ein tolles Erlebnis

📷 *Tipp: Für Shots ohne Mitfahrerköpfe als erster einsteigen und so weit vorne sitzen wie möglich*

➤ S. 27

CASTELO DE SÃO JORGE ★ 2
Wie eine steinerne Krone thront die Burg über dem malerischen Gassenlabyrinth der Alfama

➤ S. 34

MOSTEIRO DOS JERÓNIMOS ★ 3
Ob Katholiken, Muslime oder Garnixglauber, die Steinmetzkunst im üppig verzierten Kreuzgang im Kloster in Belém betört auch nach 500 Jahren noch (Foto)

➤ S. 50

TORRE DE BELÉM ★ 4
Der mächtige und trotzdem irgendwie verspielt wirkende Wehrturm im Tejo ist ein Symbol der Stadt und für Lissabons Goldenes Zeitalter unter Manuel I.

➤ S. 53

MUSEU CALOUSTE GULBENKIAN ★ 5
Für Lissabon hat sich's gelohnt, dem armenischen Ölmillionär im Zweiten Weltkrieg Asyl zu geben: Er vermachte der Stadt eine einzigartige Kunstsammlung

➤ S. 57

MUSEU NACIONAL DO AZULEJO ★ 6
500 Jahre Fliesen und kein Ende: Portugals einmalige Kachelkunst, dargeboten in einem prachtvollen Konvent

➤ S. 59

PARQUE DAS NAÇÕES 7

Das ehemalige Expogelände mit einem der größten Aquarien Europas wurde zum glitzernden Fortschrittssymbol Lissabons

📷 *Tipp: Tolle Luftbilder schießt du aus der Seilbahn oder vom noblen Restaurant auf dem Vasco-da-Gama-Turm*

➤ S. 58

CAFÉ LINHA D'ÁGUA 8

Portugiesische Kaffeekultur: Das Nordende der Praça Eduardo VII bietet den grünen Rahmen für das stylishe, doch unaufgeregte und untouristische Terrassencafé

📷 *Tipp: Schöne Motive liefert das Linienspiel zwischen der organischen Architektur und den Wasserflächen*

➤ S. 70

MAAT 9

Aktuelle Kunst, Architektur und Design im Hinguckerbau am Tejo

📷 *Tipp: Das dramatische Ensemble von onduliertem Rooftop, Fluss und Brücke schreit geradezu nach Instagram ...*

➤ S. 48

A VIDA PORTUGUESA 10

Geschmackvolle Souvenirs made in Portugal, nach dem Motto: „desde sempre" – „schon immer" – alle unter einem Dach

➤ S. 85

INHALT

HOL DIR DIE NEUE REISEPLANER-APP

1

App herunterladen

2

Barcode scannen oder
Zahlencode eingeben

3

Orte auswählen und als
Tagesplan speichern

Alle Infos zur App unter
go.marcopolo.de/app/lis

Besuch planen
€-€€€ Preiskategorien
(*) Kostenpflichtige Telefonnummer

(A2) Herausnehmbare Faltkarte
(a2) Zusatzkarte auf der Faltkarte
(0) Außerhalb des Faltkartenausschnitts

Bei Regen
Low-Budget
Mit Kindern
Typisch

DAS BESTE ZUERST

Fast von überall in der Altstadt geht der Blick hinunter zum Tejo

BEST OF

BEI REGEN

SCHÖN, AUCH WENN ES REGNET

ABTAUCHEN AUF DEM EXPO-GELÄNDE

Im *Océanario,* einem der größten Aquarien Europas, ziehen die Regenstunden so stoisch vorüber wie die Haie, Meeresschildkröten und Mondfische. Shop und Gastronomiebereich wurden vor Kurzem aufgefrischt

➤ S. 58

LASS ANSPANNEN!

Das *Museu Nacional dos Coches* in Belém, mit seinen prachtvollen historischen Kutschen das beliebteste Museum Lissabons, ist jetzt im ehrgeizigen „schwebenden" Neubau untergebracht – und hat eine neue Brücke, auf der man zum Fluss rüberlaufen kann, sobald der Regen aufgehört hat

➤ S. 48

ALLES UNTER DACH UND FACH

Ein Gang durch die Markthalle des *Time Out Mercado da Ribeira* ist ein Ritt durch die Lissabonner Trendgastronomie: Gourmethamburger, Wokküche, Fusions-Sushi, Sandwiches im Süßkartoffelbrötchen, Portwein-Probierstand, Satelliten der Starköche der Stadt plus „normaler" Wochenmarkt

➤ S. 86

SHOP TILL YOU DROP

Misch dich unter die Lissabonner, die sich trotz prekärer Finanzen den Spaß am Shopping nicht nehmen lassen. Edle Läden und People Watching unter postmodernen Türmen im *Amoreiras,* im *Vasco-da-Gama* (Expo-Gelände) oder im *Centro Comercial Colombo*

➤ S. 82/83

IDEEN- UND KULTURFABRIK

In der *LX Factory* werden heute statt Textilien Ideen hergestellt. Nahrung für Kopf und Körper gibt's u. a. in Restaurants, einer Buchhandlung (Foto), einem Experimentalmusik-Konzertraum, Designläden, in Bars und Cafés

➤ S. 100

BEST OF

LOW-BUDGET

FÜR DEN KLEINEN GELDBEUTEL

GRATIS-STADTTOUR

Heute hast du beim Mega-Angebot an mit bunten Riesenschirmen bewaffneten Guides die Qual der Wahl. Mit Witz führen die erfahrenen *Wild Walkers* auf verschiedenen Routen und mit unterschiedlichen Schwerpunkten (Pub Crawl, Fadoabend) durch ihre Stadt. Die Stadttouren kosten nichts, ein Trinkgeld ist für das Engagement der jungen Wilden aber nur fair

➤ S. 137

HOP-ON-HOP-OFF AM WASSER

Plötzlich tummeln sich alle möglichen Wasserfahrzeuge auf dem Tejo – wunderbar! Diese günstige Version fehlte noch: das *Lisboat (lisboat.com)* Das blaue Schiffchen tuckert den Fluss entlang und lässt dich an verschiedenen Sightseeing-Haltestellen (Cais do Sodré, Ribeira das Naus, Torre de Belém) an Land springen – und dann wieder an Bord. WLAN hat's auch

RELAXEN IM MUSEUMSGARTEN

An schönen Grünflächen herrscht in Lissabon zum Glück kein Mangel. Ein Geheimtipp ist der verschlungene Garten am *Museu Calouste Gulbenkian:* das grüne Labyrinth wird gern von Pärchen zum *namorar* (Flirten), für Picknicks und ruhige Lese- und Rauch-Sessions genutzt (Foto). Das Museum kostet Eintritt, der Garten nicht.

➤ S. 58

SOFA-ANSCHLUSS

Gratis bei Locals unterkommen? Aber sicher! Dafür kochst du deinem Host was und bringst was von deiner Kultur mit bzw. ein. Die sympathische Lissabonner Couchsurfer-Community *(couchsurfing.org)* hat diverse Untergruppen für Aktivitäten, Sprachaustausch u. v. m. und trifft sich jeden Mi ab 22 Uhr im coolen *Café da Ordem dos Arquitectos (Rua Ribeira Nova 50 | facebook: COA | Metro (grün) Cais do Sodré)*

BEST OF
MIT KINDERN

SPANNENDES FÜR GROSS & KLEIN

ZU LANDE UND ZU WASSER
Das knallgelbe Amphibienfahrzeug von *Hippotrip* pflügt im Anschluss an eine Stadtrundfahrt durch den Tejo, mit lockeren Kommentaren auf Portugiesisch und Englisch – alle gucken, lächeln, winken. Für Kinder gibt's Sitzerhöhungen. *Tgl. | Eintritt 25, Kinder (ab 2 J. erlaubt) 15 Euro | Doca de Santo Amaro | Tel. 2 11 92 20 30 | hippotrip.com | Eléctrico 15 Alcântara Mar*

VIEL PLATZ ZUM SPIELEN
Im *Parque das Nações,* dem ehemaligen Expo-Gelände, gibt's Spielplätze, Gärten, ein Wissensmuseum für Kinder, eine Schwebebahn, eine Reihe wasserspeiender Kegel, das Ozeanarium und (in der Nähe der Brücke) einen Skaterpark. Eintritt frei, die Sehenswürdigkeiten kosten jeweils extra *(portaldasnacoes.pt | Metro (rot) Oriente)*
➤ S. 58

LISSABON FÜR KINDER
Seien wir mal ehrlich: Bei normalen Stadtführungen gähnen sich die Kinder einen ab. *Lisbon for Kids* organisiert private Stadtführungen für Familien und der Clou: sogar auf Deutsch! Ideal die „Essential"- (Baixa, Chiado, Bairro Alto) oder die „Genuine"- (Mouraria, Castelo, Alfama) Tour: *4 Personen, 3 Std. 155 Euro.* Außerdem: Babysitting *(8–20 Euro/Std.),* Verleih von Buggies etc. *(Tel. 9 12 80 06 47 | lisbonforkids.com)*

AB IN DEN SAND!
Genau der richtige Strandmix für Familien ist die *Praia de Santo Amaro de Oeiras:* Leicht und schnell zu erreichen (15 Min. vom Cais do Sodré), mit Sand, seichtem Wasser und Felsenpools für junge Naturforscher, Beachbar und Restaurants (im Park hinter der Promenade). Auch außerhalb der Sommersaison schön fürs Surfer-Watching. und: Hier trefft ihr viele Portugiesen …

BEST OF

TYPISCH

DAS ERLEBST DU NUR HIER

AUF UND NIEDER
Rettung für Fußlahme sind die für Lissabon charakteristischen *elevadores,* Standseilbahnen und Aufzüge, die seit über 100 Jahren die Unter- mit der Oberstadt verbinden. Wer den Trip im eisernen Turm des *Elevador de Santa Justa* von oben nach unten angeht, muss nicht so lange anstehen!
➤ S. 39

KAFFEEKULTUR
Studenten und Büromenschen, ältere Damen und die Wellenreiter haben eins gemeinsam: Sie suchen bei jeder Gelegenheit Cafés auf. Das können echt portugiesische sein: hell und laut, trendige Kaffeeröstereien, wo Englisch Arbeitssprache ist, oder Terrassencafés wie das *Pão de Canela*
➤ S. 72

DER PORTUGIESISCHE BLUES
Dem Fado mit seiner melancholisch-sehnsuchtsvollen Grundstimmung begegnest du in Lissabon an allen Ecken der Altstadt. Mit ein bisschen Recherche lauschst du dem *aiiiiiiii* zwischen Portugiesen
➤ S. 20, 97

FAHRN, FAHRN, FAHRN, MIT DER STRASSENBAHN …
Die nostalgischen gelben Straßenbahnen (Foto) werden auch von Lissabonnern genutzt. Atemberaubend die berühmte Nr. 28, die durch enge Gassen im Zentimeterabstand zu den Hauswänden bergauf und bergab ächzt
➤ S. 27

HISTORISCHES PFLASTER
Die berühmte *calçada,* der kunstvoll verlegte Straßenbelag, nimmt mitunter tolle Formen an. Manche sind einfach zu sehen, wie das Wellenmuster vom Rossio, andere brauchen Adleraugen, wie die Muster zwischen *Brasileira*-Café und *Benetton* im Chiado
➤ S. 39

SO TICKT LISSABON

In der engen Altstadt müssen auch die Balkone genutzt werden

ENTDECKE LISSABON

Verschachteltes Häusermeer in Rot und Weiß: Blick auf die Alfama

Lissabon ist angesagt. Der Tourismus boomt. Es regnet Preise auf die portugiesische Hauptstadt: beste Citydestination Europas, bester Kreuzfahrtschiffhafen … Goldgräberstimmung macht sich breit. 2016 gewann die Stadt den Zuschlag für den WebSummit, der jedes Jahr Zehntausende Informatikprofis versammelt. Poplegende Madonna und Schauspielerin Monica Belucci schlugen ihre Zelte in der Stadt auf. Lissabon ist ein Darling auf Instagram. Nicht von ungefähr bleiben *Fotografen und Künstler* oft in dieser Stadt hängen: Sie lieben die fotogenen Kontraste von Tradition und Moderne, den gewissen morbiden Charme und *das ganz besondere Licht*.

Die Anlage der Stadt auf den sieben Hügeln funktioniert wie ein Amphitheater, das Kalkweiß des dekorativen *Calçada-portuguesa*-Mosaiksteinpflasters reflek-

7. Jh. v. Chr. Die Phönizier errichten einen Stützpunkt am Tejo; es folgen Keltiberer, Römer, Barbaren – und die Mauren (Anf. 8. Jh.)

1147 Nach langer Belagerung räumt der 1. portugiesische König, Afonso Henriques, die Burg von den Mauren

1580–1640 Kastilische (spanische) Herrschaft über Portugal; 1588 sticht die Armada von Lissabon aus in See

1755 Vernichtendes See- und Erdbeben

1926 António Oliveira Salazar wird Finanzminister und beginnt

tiert die Sonnenstrahlen. Dazu diese Farben: das Blau des Himmels über strahlend weißen Kirchen, das sonnige Gelb der Straßenbahnen und Busse, das freundliche Hellrot der Dachziegel, das Lila der Jacarandábäume im Frühsommer und zwischen allem der silbern glitzernde Tejo. Wenn es eine goldene Regel in Lissabon gibt, dann die: Immer genug Speicherplatz auf dem Smartphone haben!

1A LEBENSQUALITÄT

Ein weiterer Trumpf der Stadt ist Sonne satt. Lissabons 3300 Sonnenstunden im Jahresschnitt sind Spitze in Westeuropa. Das Klima ist mediterran, aber meist weht ein kühlendes Lüftchen vom Atlantik, sodass die Stadt auch im Hochsommer nicht überhitzt. Auch wenn das Meer erst ein Dutzend Kilometer vom Stadtzentrum entfernt beginnt, Ferienfeeling macht sich am Tejo trotzdem schnell breit. Das Flussufer wird immer weiter erschlossen: Wer mag, kann von der Praça do Comércio bis nach Belém spazieren. Und: Noch ist die Stadt bezahlbar. Zwar haben die Preise in den letzten Jahren angezogen, aber es ist immer noch möglich, für 10 Euro wunderbar Mittag zu essen. Und ein günstiges Bett findet sich in einer der weltbesten Hostelstädte auch. Gleichzeitig ist Lissabon eine menschliche Stadt. *Só um bocadinho* – nur ein Momentchen – ist die beschwörende Antwortformel von Kellnern und Verkäufern auf eilige Bestellungen. In einer Stadt, die schon so viel erlebt hat, sind die Menschen gelassen …

Und sie hat viel erlebt: Die Phönizier waren die Ersten, die einen Handelsstützpunkt hier einrichteten. Später hat sich phönizisches, karthagisches, ibero-kelti-

seinen Marsch durch die Instanzen; erst 1968 gibt er die Macht nach einem Unfall wieder ab (und stirbt 1970)

1974 Nelkenrevolution beendet die Diktatur des Estado Novo

1994 Lissabon ist Gastgeber für die Fußball-Europameisterschaft: zwei neue Stadien entstehen

1998 EXPO „Erbe der Weltmeere"

2017 Eurovision Song Contest im Zukunftspavillon im Parque das Nações

2019 Grundsteinlegung für den zweiten Flughafen

sches, römisches, germanisches, maurisches, jüdisches, afrikanisches, brasilianisches und südostasiatisches Erbe zu einer besonderen Identität vermischt – was sich in Toleranz niederschlug, die heute noch zu spüren ist. Im Stadtbild finden sich Überreste der fünf Jahrhunderte römischer Herrschaft, als die Stadt Olissipo hieß. Etwa steinerne Tanks zum Einsalzen einer Fischwürzsauce, die als begehrte Delikatesse von hier ins gesamte Imperium verschifft wurde. Als die Römer sich Ende des 5. Jh. notgedrungen zurückzogen, um die Grenzen ihres Reichs zu verteidigen, entstand ein Machtvakuum, das schnell besetzt wurde: von Westgoten und Alanen, und von Sueben aus dem heutigen Süddeutschland. Ab Anfang des 8. Jh. überrollten vom Süden die Mauren – arabische Eroberer – die iberische Halbinsel. Ihnen verdankt die Stadt die trutzige Castelo-Burg, in deren Windschatten maurische, christliche und jüdische Bürger in Al Uxbuna lebten.

MULTIKULTI IN DER ALTSTADT.

Die verhältnismäßig große religiöse Toleranz fand 1147 ein Ende, nämlich mit der christlichen Rückeroberung durch ein bunt gemischtes Kreuzfahrerheer. Die Mauren wurden in ein Viertel auf der flussabgelegenen Seite des Burghügels gedrängt, in die Mouraria, lange Zeit sozial benachteiligt – heute das trendigste Viertel der Stadt. An Fotomotiven fehlt es hier nie: vielleicht eine Osterprozession, das chinesische Neujahrsfest oder eine Farbbeutelschlacht lachender junger Inder zum Holi-Festival auf dem Multikultiplatz Martim Moniz. Vor einem Jahrzehnt war der Platz, wo sich heute an der Haltestelle der berühmten Straßenbahnlinie 28 lange Schlangen bilden, praktisch noch verwaist. Heute ist der Martim Moniz mit seinen riesigen chinesischen Tierfiguren und Foodständen die multikulturelle Drehscheibe der Mouraria. Im alten Maurenviertel hört man Dutzende von Sprachen; über 50 Nationen leben hier im Großen und Ganzen harmonisch nebeneinander.

Das Sprachengewirr gehört ebenso zum Soundtrack von Lissabon wie das Rattern und *Brrrrinnnggg* der historischen Straßenbahnen oder die Rufe der fliegenden Losverkäufer: *Hoje anda a rooooda!* („Heute dreht sich das Glücksraaaaaaad!"). Ganz nebenbei: Keine andere europäische Nation gibt pro Kopf so viel Geld für Lose aus wie die Portugiesen! In den warmen Monaten drängen von überall Musikfetzen ans Ohr, Open-Air-Konzerte von Fado bis Oper. Fester Bestandteil der Lissabonner Stadtmusik ist heute auch das Rattern der Touristentrolleys auf dem Kopfsteinpflaster. Weitaus angenehmer fürs Ohr ist die weiche portugiesische Sprache, die mit Kenntnissen anderer romanischer Sprachen zumindest einigermaßen lesbar ist. Beim Verstehen des Gesprochenen sieht es anders aus: Für ungeübte Ohren ist *português* ein nasaliertes Nuschelfest.

Der größte Einschnitt in der Stadtgeschichte war am 1. November 1755: Ein Erdbeben mit einem tagelang wütenden Feuer legte die Stadt in Schutt und Asche. Das furchtbare Beben war DIE Chance für die Stadtplanung: Der Mann der Stunde war der Marquês de Pombal. In Rekordzeit ließ er die neue Baixa hochziehen.

Hoch zu Ross wacht José I. über die weitläufige Praça do Comercio, den „Handelsplatz"

Heute ist das Viertel ein Hybrid: Einerseits verdrängen immer mehr Made-in-China-Souvenirshops hundert Jahre alte Läden, andererseits erstrahlen die pombalinischen Fassaden in neuem Glanz. Dass so viel alte Bausubstanz noch existiert – wenn auch zum Teil in desolatem Zustand –, hat übrigens historische Gründe: Portugal blieb im Zweiten Weltkrieg neutral. Diktator Salazar stellte sich mit allen Kriegsparteien gut: Er unterstützte die Alliierten mit einem Luftstützpunkt auf den Azoren, Nazideutschland mit der Lieferung von Wolframit zur Waffenherstellung. In den 1940er-Jahren war Lissabon so der letzte freie Hafen Europas. Hannah Arendt, Heinrich Mann und Stefan Zweig etwa reisten über Lissabon aus und beschrieben den Lichterglanz der Stadt als ein leuchtendes Symbol der Hoffnung im kriegsgeschüttelten Europa. Die Exilanten brachten Neuerungen: beispielsweise die Cafétische draußen in die Sonne zu stellen – heute eine Selbstverständlichkeit. Neu waren auch kurze Röcke und gewagte Badeanzüge in einer Stadt, die noch unter Salazars moralischem grauem Schleier lag. Salazar starb 1970, aber Europas längste Diktatur hielt sich noch eine Weile. Der Polizeistaat wurde am 25. April 1974 durch einen friedlichen Aufstand am Kolonialkrieg verzweifelnder Generäle mit Unterstützung des Volkes weggefegt: durch die „Nelkenrevolution" – benannt nach den roten Nelken *(cravos)* in den Gewehrläufen der Soldaten.

Nach der Nelkenrevolution mischten sich neue Elemente in den urbanen Mix: die portugiesischen „Rückkehrer" aus Afrika, die in den neuen unabhängigen Republiken Angola und Mosambik keine Zukunft hatten. Eine halbe Million *re-*

tornados kam nach Lissabon und wurde integriert, zusammen mit Emigranten aus den ehemaligen Kolonien, portugiesischen Afrikanern, die Chancen im „Mutterland" suchten. Portugals EU-Beitritt Mitte der 1980er-Jahre war wichtig – auch die Hauptstadt profitierte von EU-Zuwendungen. In den 1990er-Jahren blühte die Stadt auf; Lissabon wurde Gastgeber der Fußball-EM 1994. Zur Expo-Weltausstellung 1998 kam die ganze Welt in die portugiesische Hauptstadt; auf dem Gelände einer Industriebrache entstand ein neues Stadtviertel – das auch zwanzig Jahre später noch gut ins Stadtleben integriert ist. Die schwere Finanzkrise, die 2008 begann, traf Portugal überproportional, 2011 wurde das Land durch einen Kredit der „Troika" (aus Europäischer Zentralbank, Internationalem Währungsfonds und Europäischer Kommission) über fast 80 Mio. Euro vor dem Staatsbankrott bewahrt. Heute wird überall investiert und saniert, gebohrt und gemauert. Zu Füßen der Alfama entsteht das größte Kreuzschifffahrtsterminal Europas. Langsam arbeiten sich die Portugiesen vom Schlusslicht der europäischen Geburtenstatistik mit einer entsprechend überalterten Hauptstadt wieder nach oben. Von den 550 000 Einwohnern Lissabons (Großraum 2 Millionen) leben übrigens nur wenige Zehntausende in der historischen Altstadt. Der Ort, der Touristen besonders reizt …

WOHNEN ODER SIGHTSEEING?

Tja, der Tourismus. Der Boom ist natürlich willkommen: Ein immer größerer Teil des Bruttosozialprodukts wird mit dem Tourismus erwirtschaftet. In den Gassen von Alfama und Mouraria werden reihenweise Wohnungen saniert, mit dem Ziel, sie anschließend auf Ferienwohnungs-Plattformen wie Airbnb anzubieten. Wohnungseigentümer ziehen aus den beliebten Altstadtstraßen in umliegende Viertel, um ihre eigene Wohnung für Touristen freizumachen. Einheimische finden oft keinen bezahlbaren Wohnraum mehr: Die Gentrifizierung ist auch hier angekommen. Ein Tourenanbieter nennt sich selbstironisch „We Hate Tourism" – und hat auch noch Erfolg damit! Was man vermeiden möchte, ist ein „zweites Barcelona", ein thematischer „Erlebnispark Lissabon" mit wenigen „Ureinwohnern", die von Tuk-Tuks aus bestaunt und geknipst werden. Jetzt, nachdem das Kind schon in den Brunnen gefallen ist, hat man Ferienwohnungen in bestimmten Altstadtvierteln wie Alfama und Mouraria untersagt.
Was steht sonst an in den nächsten Jahren? Die Stadt dehnt sich nach Osten aus. In Marvila, zwischen Innenstadt und Expogelände, werden riesige Lagerhäuser entlang des Tejo renoviert, und hinter wunderschönen Fassaden aus der vorletzten Jahrhundertwende ziehen coole Galerien, Bars und Co-Working-Räume ein. Auf der anderen Seite des Tejo entsteht ein neuer Flughafen, um den *Aéroporto Humberto Delgado* zu entlasten – dieser wurde übrigens 2016 zu Ehren des „Generals ohne Furcht", der sich Diktator Salazar entgegenstellte, umbenannt. Lissabon hat mächtig Selbstvertrauen gewonnen und spielt statt *fado triste* souveräne Zukunftsmusik!

AUF EINEN BLICK

500.000
Einwohner im Innenstadtbereich – Tendenz sinkend!
Köln: 1.075.935

110
Mobilfunkverträge je 100 Einwohner

2800
Sonnenstunden im Jahr
Und genausoviel Regen wie London, nur anders verteilt …

20.000
Pasteís de Belém
werden in Lissabon täglich verkauft – immer frisch!

TOURISTEN PRO JAHR:
4,5 MIO.
Das kommen 9 Touristen auf jeden Einwohner!

54 LITER
WEINKONSUM PRO JAHR UND EINWOHNER – DAS IST WELTWEIT SPITZE!

BELIEBTESTE REISEMONATE
JUNI–AUGUST

ALFACINHAS
lautet der Spitzname für die Einwohner der Stadt; das bedeutet „Kopfsalätchen", denn hier wird gern Salat, aber nur wenig Gemüse serviert: Letzteres kommt meist nur in die Suppe …

7 PROZENT
ist zzt. die Arbeitslosenquote. Aber immerhin: Zu Zeiten der Megakrise waren es schon einmal 17% …

ZAHL DER TUK-TUKS: 500
Gefühlt sind es viel mehr der röhrenden Vehikel …

ZAHL DER BRÜCKEN: 2
DER RIVALE PORTO HAT 6 (GRRRRR….)

LISSABON VERSTEHEN

SO TYPISCH!

Lissabon tickt langsamer als andere europäische Hauptstädte. Abgesehen von Autofahrern lassen sich die Lissabonner nicht hetzen, ziehen brav Wartemarken an der Käsetheke und nehmen sich Zeit für ein Schwätzchen mit den Nachbarn. Wer die Londoner Rushhour kennt, dem kommt die Lissabonner Version wie ein gemütliches Kaffeetrinken vor. Apropos: Die Lissabonner zelebrieren ihre Kaffeekultur und nehmen sich Zeit für das Zusammensein mit Familie und Freunden, das *convivio*. Statistisch gesehen gehen die Portugiesen im europäischen Vergleich mit am spätesten ins Bett und stehen morgens als Letzte auf. Nach den Briten haben die Portugiesen die längsten Arbeitstage in Europa, ihre Produktivität ist jedoch nicht gerade olympiaverdächtig, und sie behaupten manchmal von sich selbst, als Volk nicht an sich zu glauben.

Problem: Die Innenstadt verliert Einwohner. Paare mit Kindern finden das Auf und Ab auf den steilen Kopfsteinpflasterstraßen beschwerlich. Beliebt als Ausweichgegend sind die schicken Avenidas oder Bezirke weiter draußen, obwohl das Nachbarschaftsverhältnis dort ein ganz anderes ist und man in den neuen *condominios*, abgeschlossenen Residenzen, vielleicht nicht mal mehr Wäsche aus dem Fenster hängen darf, weil das nicht ins Erscheinungsbild passt. Es sind vor allem junge Ausländer, die gern in modernisierte Altstadtwohnungen ziehen. Für den Charme der alten Bairros nehmen sie abgerissene Fassaden, kapriziöse Kanalisation und soziale Not vor der Haustür in Kauf.

KACHELKUNST

Azulejos (sprich: Asuleischusch) sind in Lissabon allgegenwärtig. Die farbenfrohen Kacheln zieren Hauswände und Sitzbänke, Treppen und Bögen. Die Kachelkunst ist ein Erbe der Mauren. Der Name leitet sich vom arabischen *al zulaique* („kleiner, polierter Stein") ab. Gekachelte Landschaftsbilder und Alltagsszenen erzählen viel über die Geschichte und die Gegenwart Portugals. Das *Museu Nacional do Azulejo* (s. S. ??) zeigt einen spannenden Rundumschlag zu Geschichte und Gegenwart der Kachelbilder. Und eine neue Generation von Kreativen geht neue Wege, wählt ungewöhnliche Motive oder ändert das Format.

FADO ODER KIZOMBA?

Der ⚑ Fado ist der Blues der Portugiesen. Entstanden ist er in den armen Vierteln Lissabons wie Alfama und Mouraria in der ersten Hälfte des 19. Jhs., sodass ihm lang ein schlechter Ruf anhing. Das Wort leitet sich vom lateinischen *fatum* (Schicksal) ab. Sowohl Männer als auch Frauen *(fadistas)* können ihn singen, die Begleitung jedoch sind immer zwei Herren, meist mit steinern-stoischen Mienen an zwei Zupfinstumenten, einer klassischen Konzertgitarre und einer Art Laute, der *guitarra portuguesa*. Die

Fado mit Herz und Seele: Carla Linhares singt in der Tasca do Chico

Fadothemen kreisen um Liebe, Lissabon, Hoffnung und Enttäuschung – und vor allem um die *saudade,* diese typisch portugiesische Grundstimmung. Was den Portugiesen der Fado bedeutet, lässt sich daran ermessen, dass 1999 zum Tod von Amália Rodrigues, der „Königin des Fado", eine dreitägige Staatstrauer im Land anberaumt wurde. An die Fado-Göttin reicht bis heute keiner heran, aber neuere Namen wie Camané und die international erfolgreiche Mariza kennen alle Lissabonner. Interpreten wie die junge kapverdischstämmige Sara Tavares, der charismatische Shootingstar Ana Moura und die stimmgewaltige Cristina Branco geben dem Genre neue Impulse.

Aber du wirst auch andere Sounds hören: Wer im Juni zu den Stadtheiligen-Festen hier ist, kommt um *Pimba* nicht herum, akkordeongestützte Songs mit eindeutig zweideutigen Texten. Lissabonner Kapverdianer singen ihre getragene *Morna* – vielleicht kennst du Cesária Évoras Erfolgsballade „Sodade"? Die angolanische Community tanzt gern zu *Kuduro,* einem recht hektischen, in die Beine gehenden Sound: Portugals auch international erfolgreiche Vorzeigeband ist Buraka Som Sistema aus der Vorstadt Amadora. Ruhiger ist der eng getanzte *Kizomba*, und der neueste Trend ist Afro-House. Bekannte Lissabonner Rapper sind Sam the Kid und Boss AC. Traditionelle Tänze sind derzeit im Aufwind; Infos zu informellen Bällen, Workshops und Events auf: *tradballs.pt.*

INSIDER-TIPP
Explosiver Sound

Fantasievolle Street Art: Die Kunst erobert den öffentlichen Raum

STREET ART

Spät erst kam die Straßenkunst nach Lissabon, heute gibt's kein Halten mehr. Ein Darling der Street-Art-Szene ist Vhils, ein weiterer Bordalo II., ein Enkel des berühmtesten portugiesischen Keramikkünstlers. Für eigene Erkundungen gibt's das Buch „Street Art Lisbon 2" mit Citykarte zum Auffinden der Pieces, aber am besten lässt man sich von leidenschaftlichen Graffiti- und Stencil-Experten *(lisbonstreetarttours.com)* zu den Werken führen. Minibustouren bietet die Galerie *Underdogs (Rua Doutor Estévão de Vasconcelos | under-dogs.net)* im Trendviertel Marvila an. Besonders sind die Touren zu Fuß (meist am letzten Sa im Monat, auf Anfrage auch auf Engl.) in den riesigen Open-Air-Galerien der sozial schwachen Viertel Quinta do Mocho *(facebook: Arte Publica Loures)* und Bairro Padre Cruz *(facebook: Boutique da Cultura)*.

INSIDER-TIPP
Folge den Graffiti-Experten

DIE KUNST DES GLÜCKLICHEN KÖNIGS

Der bekannteste portugiesische Beitrag zur Kunstgeschichte bekam erst im 19. Jh. den Namen „Manuelinik", bleibt aber auf ewig verbunden mit König Manuel I., dem „Glücklichen König" des Goldenen Zeitalters (1495–1521). In dieser spezifisch portugiesischen Ausprägung der Spätgotik finden sich überall die Symbole der Entdeckungsfahrten: gedrehte Schiffstaue, himmelstrebende Palmengewölbe, Pflanzen und Tiere, die die Entdecker auf der Welt gefunden hatten. Gewundene Säulen lenken den Blick himmelwärts. Auch der Armillarsphäre, einem astronomischen Orientierungsinstrument und Machtsymbol Manuels I., und dem Christusritterkreuz des Ordens, der die Expansion finanzierte, begegnest du auf Schritt und Tritt. Dazwischen finden sich die Ranken und Fabelwesen des „plateresken" Stils aus Spanien, der an spanische Silberschmiedekunst erinnert, sowie Motive aus der Leidensgeschichte Christi; Dom Manuel sah sich gern als ein Erlöser des Volkes. Beste Beispiele: das Hieronymuskloster und die Torre de Belém.

VERSCHROBENER SCHREIBER

Vor seinem Lieblingscafé *A Brasileira* setzten die Lissabonner Fernando Pessoa (1888–1935), dem wohl bedeutendsten Dichter Portugals, ein bronzenes Denkmal. Heute lassen sich neben dieser Statue unzählige Touristen fotografieren, die Pessoas obsessive und nihilistisch angehauchte Prosa und Lyrik wohl eher selten gelesen haben. Sein Name und Werk sind untrennbar mit der Stadt verbunden. Der ebenso geistreiche wie verschrobene Denker, der ein ernsthaftes Alkoholproblem hatte, schrieb unter verschiedenen Pseudonymen, arbeitete als Fremdsprachenkorrespondent in der Baixa und zog zigmal um in der Stadt. Zu Lebzeiten hat Pessoa – dessen Name „Person" bedeutet – nur wenig veröffentlicht. Zurzeit erfährt sein Werk über Portugal hinaus eine Renaissance. Auf die Spuren des Dichters kann man sich in seinem letzten Wohnhaus in Campo de Ourique begeben. Es wurde in ein kleines Kulturzentrum mit Bibliothek und coolem Café-Restaurant umgewandelt, die *Casa Fernando Pessoa (Mo–Sa 10–*

KLISCHEE KISTE

TRINKFEST

Die Statistik besagt, dass die Portugiesen weltweit am meisten *vinho* trinken. Wer kann es ihnen übelnehmen, er ist ja auch so lecker, und noch jede Ein-Euro-Fuffzig-Flasche hat einen echten Korken – Portugal ist ja der größte Kork-Exporteur der Welt. In den letzten Jahren sind die Weinbars aus dem Boden geschossen wie die Korken aus der Espumante-Flasche, aber die Lissabonner torkeln nicht lallend durch die Straßen, da wird eher zivilisiert ein *vinho gastronómico* zum Essen getrunken, und das Beste: Zum Tanzen muss sich kein Lissabonner Mut antrinken!

AUS DEM WEG, C*** F***!

Die Lissabonner sind zumeist ruhige, zurückhaltende Zeitgenossen, aber am Steuer eines Autos werden sie zu Berserkern: In der engen Gasse blockiert ein Tuk-Tuk das Fortkommen: Raargghhhh – ich muss meinen Bacalhau ausliefern/mein Kind zur Schule bringen/dringend zum Strand! Für den interessierten Besucher eine tolle Gelegenheit, die zeitlosen Flüche kennenzulernen, die den Einheimischen so leicht von den Lippen springen: *Caralho! Foda-se! O que é essa merda?!* Übersetzungen sind übrigens in jedem handelsüblichen Google zu finden ...

18 Uhr, englischsprachige Führungen: Mo, Fr, Sa 11.30 Uhr | Eintritt 3 Euro | Rua Coelho da Rocha 16 | casafernandopessoa.cm-lisboa.pt | Eléctrico 25, 28 Rua Saraiva Carvalho).

SAUDADE

„Wie ein Dolch rührt es im Herzen", so erklären Portugiesen manchmal dieses Gefühl geradezu hemmungsloser Melancholie, das *saudade* heißt. Ein Wort, das man weder mit Wehmut noch Fatalismus, weder mit Sentimentalität noch mit Nostalgie oder Melancholie treffend übersetzen kann, weil es von allem ein wenig meint. Man vermutet die Wurzeln dieses leidenschaftlichen Gefühls in der islamischen Zeit. Seinen künstlerischen Ausdruck findet es in der Fadomusik. Vor allem im Gespräch mit der älteren Generation sieht man sich oft mit einem generalisierten Fatalismus konfrontiert; die Antwort auf die Frage, wie es denn geht, ist oft *„Eh, cá estou"* (Na ja, hier bin ich) oder *„Vai-se andando"* (Es geht/Alles geht so seinen Gang), das vielleicht im norddeutschen „Watt mutt, datt mutt" eine Äquivalenz hätte. In Verbindung mit einem noch stark hierarchisierten gesellschaftlichen Gefüge führt dieser Fatalismus im Wirtschafts- und Geschäftsleben oft zu einer gewissen Lethargie, die den deutschen Drang zu Dynamik und Effizienz auf harte Geduldsproben stellen kann.

WÄCHTER LISSABONS

Lisboa hat gleich zwei Schutzheilige. Der offizielle ist São Vicente, ein spanischer Märtyrer, dessen Körper auf einem führerlosen Schiff vom Cabo de São Vicente an der Algarve von einem Paar Raben sicher nach Lissabon geleitet wurde. Doch viel mehr verehren die Lisboetas „ihren" Schutzpatron Santo António. 1195 in Lissabon geboren, verbrachte er die meiste Zeit seines Lebens als Prediger und Mönch des Franziskanerordens in Frankreich und Italien, wo er 1231 in einem Kloster bei Padua starb. Deshalb wird er auf der ganzen Welt, nur nicht in Lissabon, als heiliger Antonius von Padua angebetet. Viele Wundertaten werden ihm nachgesagt; vor allem aber wird er als Patron der Armen und der Liebenden verehrt. In dieser Tradition finanziert die Stadt jedes Jahr ärmeren Paaren die stilvolle Hochzeit in der Kathedrale. Praktisch für Reisende, die Handyladegerät oder Kreditkarte verlegt haben: Santo António ist als Schutzpatron auch für verlorene Gegenstände zuständig.

WAS GLAUBST DU?

90 Prozent der Bevölkerung sind römisch-katholisch getauft. Prozessionen tragen Heiligenstatuen wie die „Unserer Frau der Schmerzen" durch die Stadt. Ein Papst bescheinigte den Portugiesen, das „religiöseste Volk der Welt" zu sein, und das hundertjährige Jubiläum der Marienerscheinungen von Fátima brachte 2017 Hunderttausende nach Portugal. Doch mit der Kirche nehmen es die Portugiesen nicht so ernst. Die Gotteshäuser sind nicht gerade voll. Unter dem Mantel des Katholizismus haben sich Bräuche, Riten und Aberglaube zu einer eigensinnigen Mischung zusammengefun-

den. Man verehrt „seinen" Hausheiligen, für jedes Problem gibt es den passenden Schutzpatron: Santa Lúcia hilft bei Augenleiden, São Braz bei Erkältungen. In den Einwanderervierteln sieht man Schaufenster mit Votivkerzen gegen den bösen Blick oder finanzielle Engpässe neben Statuetten der Nossa Senhora da Fátima. Brasilianische und angolanische Einwanderer haben ohnehin ihre eigenen Bräuche eingeführt.

RELIGION FUSSBALL

Goooooooooool! Tooooooor! Wer im Land der amtierenden Europameister Gespräche in einer Tasca verfolgt, hört immer wieder zwei Namen: „Benfiiiiiica" und Sporting. In den Cafés und Tavernen sind die beiden Lissabonner Teams ständig Thema. Erst recht, wenn es zu solchen Dramen kommt, dass ein Trainer wie Jorge Jesus von einem Verein zum anderen wechselt – Schock! Man(n) definiert sich stark über die Vereinszugehörigkeit. Als Benfica zweimal in Folge Meister wurde, bekam die Statue des Marquês de Pombal per Kran ein Benfica-Shirt angezogen. Und die einzige Zeitung, die noch im ehemaligen Presseviertel Bairro Alto gemacht wird, heißt „A Bola": Der Ball.

Das Stadion von Benifica: Sportstätte oder Wallfahrtsort?

ANTÓNIO & MARCELO

Zwei portugiesische Politiker sollte man kennen: António Costa und Marcelo Rebelo de Sousa. Der aktuelle Premierminister António Costa von der PS (Sozialistische Partei) – wegen seiner indischen Herkunft von seinen politischen Feinden gern „die Samosa (Teigtäschchen) aus der Mouraria" genannt – hatte als Lissabons Bürgermeister viel Energie in die Erneuerung des heruntergekommenen Maurenviertels gesteckt. Costa steht einer Minderheitenregierung der Sozialisten vor, die auf zwei Linksparteien angewiesen ist. Staatspräsident „Marcelo", charismatischer Jurist, Fernsehkommentator und strenger Katholik, äußert sich trotz seiner repräsentativen Aufgabe zu allen möglichen Themen. Sein Lieblingsprojekt ist der Kampf gegen die Obdachlosigkeit, und er verkauft auch selbst schon mal die Obdachlosenzeitung.

SIGHT SEEING

Klar, die Tejo-City hat grandiose Bauwerke zu bieten, doch es sind vor allem Kontraste und Kleinigkeiten, die Lissabon zu dem Erlebnis machen, das es ist. Zu Fuß lässt sich die Metropole am besten entdecken.

Bummel über herrliche Plätze, verlier dich in verwinkelten Gassen, und genieß traumhafte Ausblicke von den vielen *miradouros* (Aussichtspunkten) der Sieben-Hügel-Stadt. Geh in einem der zahlreichen Cafés bei einer *bica* (Espresso) oder einem *galão* (Milchkaffee) auf Tuchfühlung mit den Lisboetas. Oder besteige eine der Ur-

Blick auf Stadt und Tejo vom Miradouro de Santa Luzia

alt-Trams. Seit über 100 Jahren rumpeln und ächzen die herrlich altmodischen Trambahnen durch die Stadt. Eine Fahrt mit der *Eléctrico 28* ist die erschwinglichste Stadtrundfahrt, die Tram (wie alle Eléctricos am E erkennbar) schaukelt dich durch die ganze Innenstadt. Um einen Sitzplatz zu ergattern, vor allem in einer Gruppe, solltet ihr an der Anfangshaltestelle Martim Moniz zusteigen. Frühaufstehen lohnt sich: Ab 9 Uhr bilden sich Schlangen! Noch ein Hinweis – ohne die Urlaubsstimmung trüben zu wollen: Geldbörse und Handy gut verstauen!

DIE STADTVIERTEL IM ÜBERBLICK

MARCO POLO HIGHLIGHTS

★ **ELÉCTRICO 28**
Mit der Straßenbahn durch die Innenstadt schaukeln ➤ S. 27

★ **CASTELO DE SÃO JORGE**
Mittelalterliche Burg ➤ S. 34

★ **MUSEU CALOUSTE GULBENKIAN**
Lissabons berühmtestes Museum ➤ S. 57

★ **MUSEU DA MARINHA**
Portugals Entdeckerzeit ➤ S. 51

★ **IGREJA SÃO ROQUE**
Schlichte Fassade, glanzvolle Kapellen ➤ S. 43

★ **MOSTEIRO DOS JERÓNIMOS**
Versteinerte Weltmacht ➤ S. 50

Scannen & Auswählen
LIS-17-014

★ **TORRE DE BELÉM**
Das Wahrzeichen der Stadt ➤ S. 53

★ **MAAT**
Kunst und Co. im neuen Hinguckerbau ➤ S. 48

★ **MUSEU NACIONAL DO AZULEJO**
Alles über portugiesische Kacheln ➤ S. 59

★ **ROSSIO**
Quirliges, urbanes Zentrum mit Bahnhof, Theater, Kirche und Cafés ➤ S. 39

★ **PARQUE DAS NAÇÕES**
Avantgardearchitektur und ein gigantisches Aquarium ➤ S. 58

Im Abendrot zeigt Lissabon seine klassische Schönheit. Vom Fluss aus lässt sich die Stimmung am besten einfangen. Spring auf eine der Tejo-Fähren für einen Abstecher ans andere Ufer, etwa vom Cais do Sodré nach Cacilhas. Hinter der Fährstation liegen einige nette Terrassenlokale. Lass dich nicht vom bröckeligen Zustand der Uferpromenade abschrecken und schlendere nach rechts weiter – Lissabon-Feeling pur!

Mit Hingabe widmen sich die Nationalmuseen in der Hauptstadt der ruhmreichen Vergangenheit Portugals, die Themen kreisen um die große Zeit der Entdeckungen, das portugiesische Weltreich, das goldene Zeitalter. Kostbarkeiten aus fernen Ländern erinnern an die frühere Größe des kleinen Landes. Viele Lissabonner Museen sind in alten Adelspalästen untergebracht, die für sich schon eine Sehenswürdigkeit sind. Für Museumsmuffel: Einige der schönsten Terrassencafés gehören zu Museen, z. B. das vom Museu Nacional de Arte Antiga (frei zugänglich).

Mit den altertümlichen *ascensores* (Aufzügen) kann man sich stilvoll und steil in höher gelegene Stadtviertel hieven lassen. Diese drei Vehikel sind elektrisch betriebene, nostalgisch quietschende Standseilbahnen. Die kuriosen Transportmittel sind allesamt schon weit über 100 Jahre alt. Eine Hin-und-Rückfahrkarte kostet 3,70 bzw. 5,15 Euro für den Filigran-Elevador *Santa Justa*, der die Unterstadt mit der Oberstadt verbindet; besser fährt man mit einer Tageskarte (6,50 Euro) für Metro und Carris (Betreiber der Busse, Straßenbahnen und Aufzüge).

WOHIN ZUERST?

Rossio *(🕮 b–c2)*: Vom Rossio, offiziell Praça Dom Pedro IV, gehst du in 10 Min. durch die Baixa zum Tejo-Ufer oder bergauf zum Castelo de São Jorge – dank des Elevador do Castelo von der Rua Fanqueiros in ca. 15 Min. Oder man erklimmt die Rua do Carmo in Richtung Chiado für Shopping und Museen. Ins Vergnügungsviertel Bairro Alto geht's vom Rossio zum Platz Restauradores und weiter mit der Standseilbahn Elevador da Glória. Die Metrostation ist Rossio (grün); viele Buslinien passieren den Platz, auch der Airport-Bus.

ALFAMA, MOURARIA & GRAÇA

Rund um die Burg liegt das alte Lissabon. Malerisch schmiegen sich die Viertel Alfama und Mouraria an das Castelo de São Jorge.

Die ehemalige Medina Alfama ist Lissabons ältester Bezirk. Wie ein Wunder überstand das Viertel fast unbeschadet das verheerende Erdbeben im Jahr 1755 und trägt so noch heute mittelalterliche Züge. Ein Wirrwarr aus steilen Treppchen, winzigen Gassen und lauschigen Plätzen prägt das Bild

des Kleine-Leute-Quartiers. Im Juni feiert die Alfama „ihren" Schutzheiligen Santo António mit Straßenfesten, Musik und Tanz. Ähnlich verwinkelt und etwas heruntergekommen, aber heute DAS Trendviertel ist die benachbarte Mouraria. Hierhin wurden die Mauren nach der Rückeroberung der Stadt im Jahr 1147 verbannt. Nordöstlich schließt sich Graça an, ein lebhaftes, typisches Lissabonner Wohnviertel aus dem 19. Jh., das einige Prachtbauten, wie die Klosterkirche *São Vicente de Fora*, historische Arbeitersiedlungen wie die Vila Berta *(◫ 08)*, Aussichtspunkte und zweimal pro Woche den Flohmarkt *Feira da Ladra* (s. S. 85) bietet.

1 KATHEDRALE SÉ

Die Kathedrale Sé (Abkürzung für *sedes episcopalis*: Bischofssitz) ist die älteste Kirche Lissabons. Sie wurde nach der Vertreibung der Mauren 1147 gebaut, wohl über einer fünfschiffigen Moschee – um gleich die neuen Machtverhältnisse klarzustellen. Die Kathedrale wurde mehrmals von Erdbeben stark beschädigt und bis zu Beginn des 20. Jhs. immer wieder restauriert. So vereint sie heute zwei Baustile, die im nüchternen, romanischen Innenraum und dem eleganten, gotischen Chorumgang mit neun Kapellen sichtbar werden. Wer schon mal hier ist: unbedingt das bisschen extra zahlen und weiter nach hinten vordringen – berührende Grablegen, fantasievoll gezwirbelte uralte Metallgitter! Im Garten des gotischen Wandelgangs aus dem 14. Jh. werden seit Jahren archäologische Grabungen durchgeführt: Römische Spuren, etwa Reste einer Straße und Kanalisationssysteme, gehen bis ins 1. Jh. zurück. Gleich rechts vom Eingang geht es hoch zur Schatzkammer mit Reliquien, Roben und einer spektakulären goldenen Monstranz aus dem 18. Jh. *Kirche: tgl. 9–19, Kreuzgang und Kapellen: tgl. 10–18 Uhr | Eintritt 2,50 Euro | Schatzkammer: Mo–Fr 10–13, 14–17, Sa 10–17 Uhr | Eintritt 2,50 Euro | Messen: So 11.30 und 19, Di–Sa 18.30 Uhr | Largo da Sé | Eléctrico 28 | Bus 737 Sé | 1 Std. | e4*

2 MUSEU DO ALJUBE

Portugal war schon fast vierzig Jahre Demokratie, als dieses Museum zum Widerstand eröffnet wurde – in einem ehemaligen Gefängnis des Geheimdienstes PIDE, mit Zellen und viel Kontext zu Westeuropas längster Diktatur – und dem täglichen Leben in Doktor Salazars grauem Portugal. Es mag zwar pietätslos wirken, aber nach so schockierenden Inhalten tut eine kleine Stärkung gut. Die sehr gute Cafetaria ist fast unbekannt, weil viele nicht wissen, dass man auch ohne Museumsticket hier hoch kann, um guten Wein und Snacks zu genießen. *Di–So 10–18 Uhr | Eintritt 3 Euro | Rua de Augusto Rosa 42 | museudoaljube.pt | Metro (blau) Terreiro do Paço, Eléctrico 12, 28 | 1½ Std. | e4*

INSIDER-TIPP
Durchatmen und Kraft tanken

3 CASA DOS BICOS

Das *Haus der Spitzen*, ein 1523 im italienischen Stil errichteter Stadtpalast, verdankt seinen Namen der Fassade

aus spitzen Steinquadern – schon in der Renaissance gab's 3D-Effekte! Heute hat die *Fundaçao José Saramago (Mo–Sa 10–18 Uhr, Führungen zu Leben und Werk Mi 15.30, Fr 11.30 Uhr | Eintritt 3 Euro, Führung 4 Euro | josesaramago.org)* des 2010 verstorbenen Kultautors und Literaturnobelpreisträgers hier ihren Sitz. Seine Asche wurde auf dem Vorplatz beigesetzt. Ein Besuch der spannenden archäologischen Ausgrabungen im Untergeschoss ist gratis! *Rua dos Bacalhoeiros 9–11 | Metro (blau) Terreiro do Paço | 45 Min. | e4*

4 MUSEU DO FADO

Eine musikalische Reise durch Geschichte und Gegenwart des Fado. Per Audioguide kann man die Künstler und ihre Musik erleben. Virtuos: der Gitarrist Carlos Paredes! Im schicken Museumsrestaurant moderne portugiesische Küche *(Mi–So | €€)*. Im Sommer mehrmals die Woche englischsprachige Gratisführungen durch die Alfama und die Mouraria. *Di–So 10–18 Uhr | Eintritt 5 Euro, So und Fei bis 14 Uhr gratis | Largo do Chafariz de Dentro 1 | museudofado.pt | Metro (blau) Terreiro Paço, Busse 728, 735, 759, 794 Casa Conto | 1½ Std. | f3*

5 MIRADOURO DE SANTA LUZIA/ PORTAS DO SOL

Von der Aussichtsterrasse *Miradouro de Santa Luzia* mit der Postkartenmotiv-Bougainvillea hat man einen grandiosen Blick über das Dächermeer und Gassengewirr der Alfama und den Tejo. Die Azulejowand an der Kirche *Igreja de Santa Luzia* zeigt eine Ansicht Lissabons vor dem Erdbeben von 1755. Weiter oben, am *Largo das Portas do Sol*, liegt ein unprätentiöser

Auffällige Fassade: In der Casa dos Bicos residiert die Saramago-Stiftung

Die Igreja de Santa Engrácia dient heute als Portugals National-Pantheon

Café-Kiosk. Ein bisschen schicker fläzt es sich um die Ecke im Café *Esplanada das Portas do Sol (So–Do 10–1, Fr/Sa 10–2 Uhr). Eléctrico 12, 28 Miradouro de Santa Luzia* | *f3*

6 MUSEU DE ARTES DECORATIVAS

Die Familie Espírito Santo, eine der reichsten Portugals – zumindest bis zur Krise –, hat wertvolle Stücke aus ihrem Privatbesitz gestiftet. Neben Möbeln werden im Museum für angewandte Kunst – im noblen *Palácio Azurara* aus dem 17. Jh. untergebracht – Tapisserien und Teppiche, Azulejos, Porzellan und Silber gezeigt. Hübsches Café im ersten Stock. Richtig spannend wird's aber bei einer der Führungen hinter die Kulissen, zwischen tollen Troddeln, filigraner Schmiedekunst und Golddruck. *Mi–Mo 10–17 Uhr | Eintritt 4 Euro | Largo das Portas do Sol 2 | fress.pt | Eléctrico 28 Largo das Portas do Sol | 1½ Std. | f3*

INSIDER-TIPP
Tiefe Einblicke für Auserwählte

7 CASTELO DE SÃO JORGE ★

Die Festung des heiligen Georg ist die Wiege Lissabons. Unübersehbar thront sie über den Dächern der Stadt. Wer den Burgberg erklimmt, wird durch ein Superpanorama über die Stadt belohnt. Auf Steinbänken kann man sich unter Schatten spendenden Bäumen vom Aufstieg erholen. Die mittelalterliche Zitadelle war Stützpunkt vieler Herrscher des Landes. Im 5. Jh. ließen sich Westgoten hier nieder, später bauten sich die Mauren hier auf der Höhe eine anständige Festung. 1147 gelang es König Dom Afonso Henriques und seinem Gefolge, die Burg zurückzuerobern. Das Kastell wurde königliche Residenz. Ende des 16. Jhs. zogen die portugiesischen Royals hinunter an den Fluss, die Burg verfiel. Anlässlich der 800

Jahre zurückliegenden *Reconquista* (Rückeroberung) rekonstruierte man 1938 die Festungsanlage mit den Wehrtürmen. Von den Sitten und Bräuchen der einstigen Burgbewohner erzählt eine gut gemachte Ausstellung.

Auf dem *Ulisses*-Turm projiziert die *Câmara Obscura* ein Rundumpanorama von Lissabon auf eine Steinschüssel. Wie wär's jetzt mit einem Sundowner-Wein? Das hübsche, robuste Kunststoffglas bei *Wine With a View (linker Hand, ÖZ wie Burg)* darf man mit nach Hause nehmen.

Burggelände: tgl., Nov.–Feb. 9–18, März–Okt. 9–21 Uhr, Führungen über das archäologische Ausgrabungsgelände (rechts) u. a. auf Englisch 10.30, 11.30, 12.30, 14, 15, 16, 17, im Sommer auch 18.30, 19.30 Uhr | Eintritt 8,50 Euro inkl. Museum und Câmara Obscura (9–17 Uhr) | castelodesaojorge.pt | Eléctrico 12, 28 Miradouro de Santa Luzia | Bus 737 Chão da Feira | 1½ Std. | d–e 2–3

8 MIRADOURO DA GRAÇA

Bäume, Tische, Stühle und Café-Kiosk: beliebter Treffpunkt zum Sonnenuntergang. Spektakulärer Blick zur Burg und über die Baixa bis zur Brücke des 25. April. *Tgl. ab 10 Uhr | Eléctrico 28 Largo da Graça | e1*

9 MIRADOURO SENHORA DO MONTE

Am höchsten *miradouro* der Stadt liegen dir Lissabon und der Tejo malerisch zu Füßen. Wenn die Wallfahrtskapelle mal auf ist, unbedingt einen Blick auf die *Cadeira de São Gens* werfen, einen Steinthron aus dem 12. Jh. hinter Glas, auf dem Portugiesinnen immer noch eine leichte Geburt erbeten – die Küsterin öffnet dafür die Vitrine! Viele lassen sich von Tuk-Tuks den harten Aufstieg abnehmen, sodass sich hier Dutzende dieser Vehikel stapeln. Nett die kleinen Wägelchen, die Limonade, Kaffee und Pasteis de Nata verkaufen. *Eléctrico 28 Rua da Graça | 45 Min. | N8*

10 IGREJA E MOSTEIRO DE SÃO VICENTE DE FORA

1582 ließ König Philipp II. von Spanien (Dom Filipe I. von Portugal) den Konvent errichten. Die Arbeiten zogen sich bis Anfang des 18. Jhs. hin. Innen Marmorpracht, Chorgestühl aus feinsten tropischen Hölzern und blau-weiße Azulejos. Das Kloster ist heute Sitz des Kardinals *(patriarca)* von Lissabon, ebenso dient es als Pantheon für die Patriarchen und die Könige der Bragança-Dynastie – die übrigens immer noch existiert. Toller Blick von der Terrasse! *Di–So 10–18 Uhr | Eintritt 5 Euro | Largo de São Vicente de Fora | Eléctrico 28 Voz Operário | 1½ Std. | f2*

11 IGREJA DE SANTA ENGRÁCIA/ PANTEÃO NACIONAL

Weithin sichtbar ist die weiße Kuppel der Kirche, die als nationaler Pantheon dient: Hier liegen die großen Söhne und Töchter Portugals in luxuriösen Marmorgrabstätten. Normalerweise dauert die Überführung der Toten Jahre. Beim Kickeridol Eusebio ging es schnell – ein Indiz dafür, dass die wahre Religion der Portugiesen der Fußball ist … 1570 begann man mit dem Bau, 1630 wurden die Sakristei und die Bilder in der Kirche zerstört. Der Tat bezichtigt wurde ein konvertierter Jude, der auf dem Weg zum Schafott prophezeite, dass die Kirche nie fertiggestellt werden würde. Und tatsächlich wurde der Kirchenbau erst 1966 eingeweiht. Die langwierigen Bauarbeiten hatten zur Folge, dass die Kirche bis heute in aller Munde ist: Im Portugiesischen ist *Obras de Santa Engrácia* ein geflügeltes Wort für Unterfangen, die kein Ende nehmen.

Geh in den Bau mit seinen harmonischen Farben und Formen unbedingt mal rein! Steile Treppen und ein Fahrstuhl (nur für Gehschwache) führen zur nie überlaufenen Terrasse rund um die mächtige Kuppel. Von dort breitet sich ein phantastisches Panorama aus! *Di–So 10–17 Uhr | Eintritt 4 Euro, am 1. So des Monats frei | Campo de Santa Clara | igespar.pt | Eléctrico 28 Voz Operário | ⏲ 1 Std. |* 🕮 09

Der Rossio ist der zentrale Platz der Unterstadt (Baixa)

BAIXA & AVENIDA

Die Baixa, ausgesprochen „*bai*scha", die Unterstadt, entstand nach dem furchtbaren Erdbeben von 1755 unter Marquês de Pombal als *Baixa Pombalina* ganz neu: breite Straßen, jeweils einem Handwerk zugeordnet, einheitlich hohe, mehrstöckige Häuser mit Funkenbarrieren, innen der „pombalinische Käfig", eine flexible Holzkonstruktion.

Das Ganze ruht auf einer Pfahlstruktur im Tejo-Uferschlamm. Alles schön flach, hier musst du nicht ständig rauf und runter steigen! Im Lauf der Zeit bröckelten viele der schönen pombalinischen Fassaden. Heute ist die Baixa ein Hybrid: frisch sanierte pombalinische Fassaden neben den paar noch unsanierten, verlassenen Wohnungen im Herzen der Stadt, wo Unkraut aus Regenrinnen wächst. Versteckte Kirchen, zwei, drei ungewöhnliche Museen, Perlen der alten Lissabonner Einkaufskultur mit im Kopfsteinpflaster eingelassenen Firmennamen, aber auch immer mehr 08/15-Souvenirläden plus Hotels noch und nöcher. Auf der Baixa-Achse, der Rua Augusta, flanierst du zwischen Menschen aus aller Welt, Restaurant-Anwerbern und Stra-

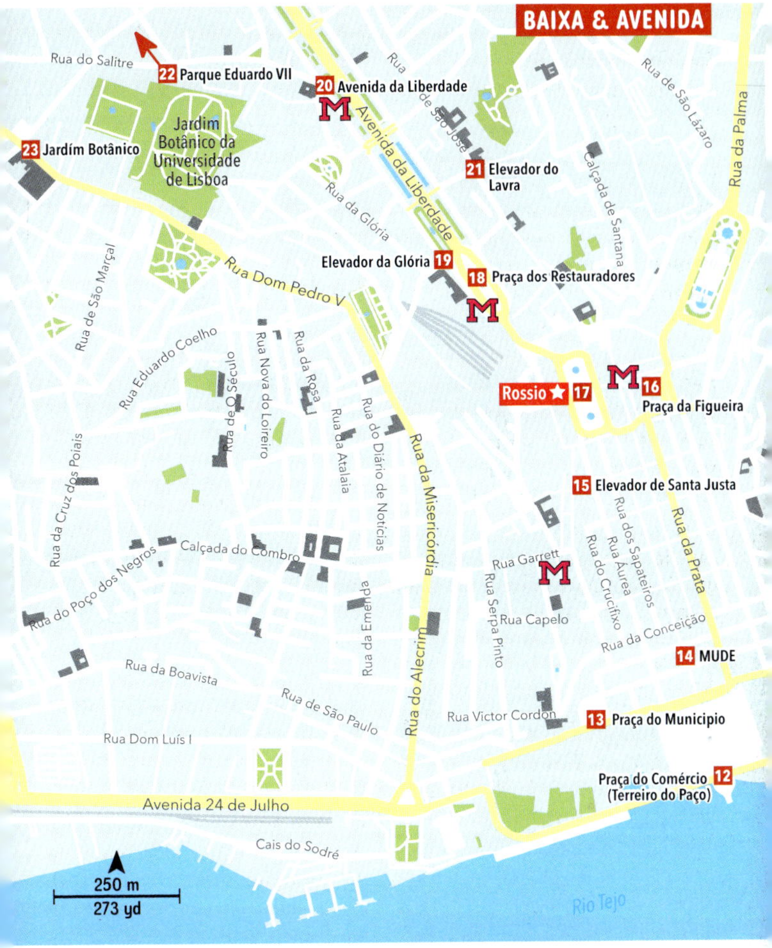

ßenkünstlern. Gut verschnaufen lässt sich's in der vielleicht besten Eisdiele der Stadt *(Amorino, Nr. 209, in der Saison bis Mitternacht geöffnet)*!

12 PRAÇA DO COMÉRCIO (TERREIRO DO PAÇO)

Als im 15. Jh. die Karavellen der Entdecker mit ihren Gewürzen, Edelmetallen und Sklaven hier anzulanden begannen, brach das Königshaus die Zelte oben im Castelo ab und zog hierher, an den „Handelsplatz", auch als *Terreiro do Paço* (Palastplatz) bekannt. Von dem riesigen Palast, den sich die Königsfamilie an die Westseite stellte, ließ allerdings das Erdbeben von 1755 nichts übrig. Die Herrscher

Scannen & Auswählen
LIS-17-018

Und welcher ist Ihr Lieblingsstuhl? Design im MUDE

selbst hatten Glück – sie hielten sich zu der Zeit weit im Westen der Stadt auf. Die Reiterstatue in der Platzmitte zeigt Josef I. in heroischer Pose, in Wahrheit ließ sich der Herr 20 Jahre lang nicht in der Stadt blicken.

Es war sein Premierminister Marquês de Pombal, der die Zügel in die Hand nahm und die zerstörte Stadt wieder aufbaute. Mit seinen jetzt gelb gestrichenen Fassaden und mehr Gastronomie als Ministerien entlang seiner schönen Arkaden, ist der riesengroße Platz ideal für Papstmessen und andere feierliche Anlässe, vom 25.-April-Gedenkkonzert bis zum Silvestertreff fürs Feuerwerk. Der *Patio da Galé* bietet eine Touristeninformation und Gastronomie neben der ehemaligen Hauptpost, wo in den 1940er-Jahren jüdische Flüchtlinge auf ihr Visum, auf Schiffstickets und andere schicksalsentscheidende Korrespondenz warteten. Gegenüber wartet das *Biermuseum* mit (nicht gerade billigen) Bieren aus den ehemaligen Kolonien. Das *Lisboa Story Centre (tgl. 10–20 Uhr | Eintritt 7 Euro, Familie 18 Euro | lisboastorycentre.pt | Metro (blau) Terreiro do Paço | ⏱ 1½ Std.)* führt spannend durch Lissabons Geschichte. *c–d5*

13 PRAÇA DO MUNICIPIO

Hier steht das Rathaus *(Paços do Concelho)*, 1910 Bühne für die Ausrufung der Republik und heute Sitz der Stadtverwaltung *(Câmara Municipal)*. Jeden ersten Sonntag im Monat (11 Uhr) können Besucher den neoklassizistischen Bau besichtigen. Die gewundene Doppelsäule auf dem Platz diente früher auch als Pranger. Nebenan erzählt das Geldmuseum, *Museu do Dinheiro*, in der St.-Julians-Kirche *(bportugal.pt)* die Geschichte des Mammons. *Eléctrico 15, 18 Praça do Comércio | Metro (grün, blau) Baixa-Chiado | c5*

14 MUDE

Das Museum für Design und Mode (Wortspiel: *mude,* „es verändert sich" oder „verändern Sie sich") ist in einer ehemaligen Bank untergebracht und präsentiert im bewusst industriell-abgerissenen Betonambiente Mode- und Möbelikonen. 2020 öffnete das MUDE nach Umbau wieder seine Tore: jetzt mit Dachterrasse. *Öffnungszeiten und Eintrittspreise s. Website | Rua Augusta 24 | mude.pt | Metro (blau) Terreiro do Paço | 1½ Std. | c-d4*

15 ELEVADOR DE SANTA JUSTA

Der Star unter Lissabons *elevadores* ist diese verspielte Gusseisenkonstruktion, ein richtiger Fahrstuhl, dessen geräumige Holzkabinen über 30 m senkrecht nach oben gezogen werden. Gebaut hat ihn Raul Mesnier de Ponsard, ein Schüler Gustave Eiffels. 1902 wurde der Aufzug eingeweiht *(5,30 Euro, gratis mit Carris/Metro-Tageskarte).* Oben befinden sich eine Aussichtsterrasse *(Eintritt in den 5,30 Euro inbegriffen, sonst 1,50 Euro)* und der Übergang in die Oberstadt – und zum neuesten Projekt des Chiado-Modernisierers Álvaro Siza Vieira: den Café-Terrassen unterhalb der Carmo-Kirche. Auf dieser Passage bietet das italienische Restaurant *Bella Lisa Elevador (bellalisaelevador.com | €€)* mittags u. a. ein Pasta-Rodizio-Büfett an. *Tgl. 7–23, im Winter bis 21 Uhr | Metro (blau, grün) Baixa-Chiado | b-c3*

16 PRAÇA DA FIGUEIRA

Nur durch eine Häuserreihe ist dieser Platz vom Rossio getrennt. Markenzeichen: die Tauben, die um das Reiterstandbild von König João I. herumflattern, und jugendliche Skateboarder. In Nr. 18: die älteste Konditorei der Stadt, die *Confeitaria Nacional,* bekannt für leckeren *Bolo-Rei* – Hefekranz mit kandierten Früchten. *Metro (grün) Rossio | c2*

17 ROSSIO ★

Hier schlägt das Herz der Tejo-City, rundherum pulsiert das Leben. Der Platz mit dem kunstvollen Wellenmosaik wird von alteingesessenen Läden und dem Traditionscafé *Nicola* flankiert. An der Nordseite liegt das

Abkürzung für müde Füße: Elevador de Santa Justa

Scannen & Auswählen
LIS-17-019

klassizistische Nationaltheater *Dona Maria II (Blick hinter die Kulissen, auch auf Deutsch, Mo 11 Uhr, außer Aug. | teatro-dmaria.pt)*. Rechts davon, etwas nach hinten versetzt, die *Igreja São Domingos,* wo einst die Inquisition ihre Urteile verlas. Vor der Kirche erinnern Mahnmale an die Juden-Hetzjagd 1506, die hier begann. Der riesige Kirchenraum ist praktisch so belassen, wie er nach einem Brand 1959 aussah. Zwischen Rossio und Restauradores liegt der neomanuelinische Bahnhof Rossio mit den verschnörkelten, hufeisenförmigen Eingängen und einem *Starbucks*. Um den Rossio gibt's Minibars, die den bei allen beliebten *Ginginja-* Kirschlikör ausschenken. *Metro (grün) Rossio* | *b-c2*

18 PRAÇA DOS RESTAURADORES

Ein 30 m hoher Obelisk erinnert an die Befreiung Portugals 1640 von den Spaniern. Der Tag des Siegs im Krieg der Restauration ist heute Feiertag (1. Dezember). Im pinkfarbenen *Palácio Foz* war unter Diktator Salazar die Propagandazentrale des Landes untergebracht. Heute befindet sich hier ein Büro der Touristeninfo und der Touristenpolizei. Achte auf Ankündigungen der Recitals: Kammerkonzerte (meist gratis) oft junger Interpreten im Spiegelsaal im 1. Stock um 18/19 Uhr *(gmcs.pt)*. *Metro (blau) Restauradores* | *b1*

19 ELEVADOR DA GLÓRIA

Dank seiner günstigen Lage der meistgenutzte *elevador*. Seit 1885 verbindet er die Unterstadt Baixa mit dem Vergnügungsviertel Bairro Alto, deshalb ist er bis etwa Mitternacht geöffnet. Die „Talstation" liegt am *Praça dos Restauradores* nahe der Touristeninfo, die „Bergstation" neben dem schönen Aussichtspunkt *Miradouro São Pedro de Alcântara*. Man kann die Strecke übrigens auch zu Fuß überwinden und dabei (offiziell abgesegnete) Straßenkunst bestaunen. *Metro (blau) Restauradores* | *a1*

20 AVENIDA DA LIBERDADE

Die etwa 1,5 km lange Prachtallee aus dem Jahr 1886 verbindet die Praça dos Restauradores mit der Praça Marquês de Pombal und schlägt die Brücke zwischen dem alten und dem neuen Lisboa. Baumbestandene Grünstreifen mit Cafés trennen die Straße von den mosaikgeschmückten Bürgersteigen. Entlang der Promenade liegen elegante Hotels und Boutiquen, feudale Bürgerhäuser, aber auch einige Bausünden. Ein Riesenerfolg: die Renaissance der Avenida-Kioske mit unterschiedlicher Gastronomie – von Meeresfrüchten bis zu Hotdogs, manche, wie der Time-Out-Kiosk, oft mit Livemusik – und die Wiederbelebung des Varietétheaterparks *Parque Mayer* mit seinem neuen *Capitólio*-Theater in Art-déco-Optik. *Metro (blau) Restauradores, Avenida, Marquês de Pombal* | *L-M 7-8*

21 ELEVADOR DO LAVRA

Der *elevador* von 1884 ist der älteste der Stadt. Oben liegt in der Nähe der *Campo dos Mártires da Pátria* mit der Deutschen Botschaft und dem *Goethe-Institut (Instituto Alemão)*. Dort

Keine Kirche, sondern das neomanuelinische Portal des Rossio-Bahnhofs

finden heimwehkranke deutsche Muttersprachler einen Lesesaal mit deutschen Medien und das *Goethe-Café* mit Biergarten. Die Locals – und da vor allem die Hundebesitzer – klönen vor dem witzigen Kiosk in der Grünanlage, der als gigantische Fruchtfliege *(mosca da fruta)* gestylt ist. *Mo–Fr 7.50–19.55, Sa/So 9–19.55 Uhr | Metro (blau) Restauradores |* M8

INSIDER-TIPP
Immer der Fliege nach

22 PARQUE EDUARDO VII

Lang zieht sich der Park hinter dem Marquês-de-Pombal-Platz den Hügel hinauf. Fotografen sollten sich den Shot vom oberen Ende nicht entgehen lassen. Bei schönem Wetter reicht die Sicht bis zum anderen Tejo-Ufer. Nur wenige Touristen verirren sich in die idyllischen Gewächshäuser der *Estufas (tgl., Sommer 10–19, Winter 9–17 Uhr | Eintritt 3,10 Euro, So bis 14 Uhr gratis | estufafria.cm-lisboa.pt)* am oberen Ende des Parks. *Metro (blau) Marquês de Pombal, Parque |* *1 Std.*

Nah am Marquês-de-Pombal-Kreisverkehr lässt das *Hotel Ritz Four Seasons (tgl. 24 Std. | Rua Rodrigo da Fonseca 88 | fourseasons.com)* auch Kunstfans, die nicht im Haus residieren, die Super-Sammlung portugiesischer moderner Kunst mit Wandteppichen, Azulejosfriesen und Gemälden besichtigen (Eingang parkabgewandt). Konsumieren muss man nichts. Für alle „Wenn schon, denn schon"-Kandidaten empfiehlt sich *Tea at the Ritz (ab 25 Euro)*: Fläzt euch in Ruhe diskret in die Sessel und schnuppert ein bisschen VIP-Luft! K–L 6–7

23 JARDÍM BOTÂNICO

Eine grüne Oase in der City, wie geschaffen für erholsame Spaziergänge.

Der tropische alte Baumbestand des 1873 angelegten Gartens – u.a. Drachenbäume, Palmen, Kakteen und Tropenpflanzen – stammt hauptsächlich aus den portugiesischen Exkolonien. Teiche, Treppchen und Statuen geben dem Park einen charmant-pittoresken Look; die wichtigsten Infos sind auf Schrifttafeln (Port./Engl.) zusammengefasst. *Tgl. 9–20, im Winter 9–17 Uhr, Schmetterlingshaus nur saisonal | Eintritt 3 Euro | Rua da Escola Politécnica 58 | Metro (gelb) Rato | 1½ Std. |* *L8*

CHIADO & BAIRRO ALTO

Zum Chiado gehören eigentlich nur wenige Straßenzüge, und doch liegt hier die künstlerische Seele der Stadt.

Der „Meridian der Literaten", so der Lissabonner Autor José Cardoso Pires (1925–98), war jahrhundertelang Treffpunkt von Künstlern, Modemachern, Dandys, Dichtern und Intellektuellen. Hier sitzt in Bronze gegossen Portugals berühmter Schriftsteller Fernando Pessoa vor einem seiner Lieblingscafés, dem *A Brasileira*, rundherum befinden sich die Oper *São Carlos*, prächtige alte Theater und die besten Antiquariate der Stadt. Als im August 1988 ein Großbrand im Viertel wütete, stand ganz Lissabon tagelang unter Schock. Das benachbarte *Bairro Alto* ist Lissabons klassischer Vergnügungsbezirk. Neben Kneipen, Restaurants, Bars und Clubs sorgen originelle Szeneläden abends für regen Zulauf. Tagsüber hingegen herrscht im Viertel angenehme Ruhe.

Park und Aussichtspunkt zugleich: der Miradouro des São Pedro de Alcântara

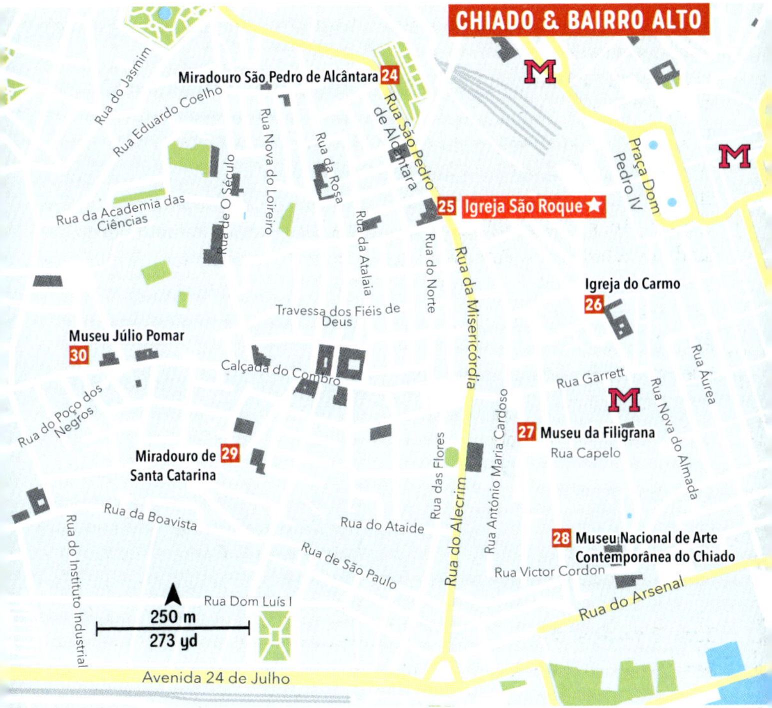

24 MIRADOURO SÃO PEDRO DE ALCÂNTARA

Unter Bäumen sprudelt ein Springbrunnen, Holzbänke und Open-Air-Café bieten einen Ruhepunkt, bevor man zum Szeneviertel Príncipe Real weitergeht. Phantastische Aussicht auf das alte Lissabon mit den Vierteln Mouraria und Alfama, den Kirchtürmen, Kuppeln und dem Castelo de São Jorge! *Metro (blau) Restauradores | dann Elevador da Glória |* a1–2

25 IGREJA SÃO ROQUE ★

Die 1566 auf einem Pestfriedhof erbaute Jesuitenkirche überstand das große Erdbeben 1755 fast unbeschadet. Glanzstück der acht Seitenkapellen ist die Johannes dem Täufer gewidmete *Capela de São João Baptista* vorne links. König João V. gab sie 1742 in Rom in Auftrag. Die besten Künstler der Zeit arbeiteten mit den edelsten Materialien: Carrara-Marmor, Gold, blauer Lapislazuli, lila Amethyst … Nach der Segnung durch den Papst wurde die Kapelle in Einzelteilen nach Lissabon verschifft und dort wieder in jahrelanger Arbeit aufgebaut. Das angeschlossene *Museu de São Roque (April–Sept. Mo 14–19, Di–So 10–19, Do bis 20 Uhr, Okt.–März nur bis 18 Uhr | Eintritt 2,50 Euro, So bis 14 Uhr frei, Do 15, Fr 11.30 u. 16.30, Sa*

Scannen & Auswählen
LIS-17-021

10, So 15 Uhr kostenlose Führung für Ticketinhaber | museusaoroque.com) zeigt die zweitgrößte Reliquiensammlung der Iberischen Halbinsel. Gegenüber eröffnete 2019 ein sogenannter *Polo Cultural* (Kulturstandort) mit der *Casa Ásia* (Sammlung orientalischer Kunst) und der jesuitischen *Broteria* (Bibliothek, Archiv) der ehemaligen Ordensherren. *Kirche: April–Sept. Mo 14–19, Di–So 9–19, Do bis 20 Uhr, Okt.–März nur bis 18 Uhr | Eintritt frei | Largo Trindade Coelho | Metro (blau) Baixa-Chiado, Restauradores, dann Elevador da Glória | Eléctrico 28 Largo de Camões | Kirche 30 Min., Museum 1 Std. | a2*

26 IGREJA DO CARMO

Als steinernes Mahnmal erhebt sich die Ruine der Carmo-Kirche weithin sichtbar über der Altstadt. Der gotische Konvent (14. Jh.) wurde beim Erdbeben 1755 bis auf die Portalbögen und ein paar Wände zerstört. Im Inneren ist das archäologische Museum untergebracht. Die Kirche liegt am lauschigen Largo do Carmo mit Brunnen, Café und Kiosk. Neu: jetzt auch Cafébetrieb auf den Carmo-Terrassen um die Ecke. *Mo–Sa 10–18, Okt.–April bis 17 Uhr | Eintritt 4 Euro | Largo do Carmo 4 | museuarqueologicodocarmo.pt | Metro (blau, grün) Baixa-Chiado | 1½ Std. | b3*

27 MUSEU DA FILIGRANA

Der Eintritt ist frei, aber nicht nur deshalb lohnt es, einen Blick in dieses kleine Museum am Opernplatz zu werfen. Der feinziselierte Filigranschmuck aus Nordportugal ist ein kostbares Souvenir, das bekannteste Motiv dieser Volkskunst das Heilige Herz Jesu, z. B. als Ohrring. Prachtstück der Vitrinen: die goldüberzogene Fadogitarre. *Tgl. 10–19 Uhr | Eintritt frei | Largo de S. Carlos 1 | facebook: Museu da Filigrana | Metro (blau, grün) Baixa-Chiado | 30 Min. | b4*

28 MUSEU NACIONAL DE ARTE CONTEMPORÂNEA DO CHIADO

Das Museum für zeitgenössische Kunst ist im restaurierten *Convento de S. Francisco* untergebracht. Es beherbergt eine Sammlung portugiesischer Kunst ab Mitte des 19. Jhs. und macht mit exzellenten Foto- und Modern-Art-Ausstellungen Furore. Schönes Selbstbedienungscafé im Skulpturengarten. *Di–So 10–18 Uhr | Eintritt 4,50 Euro | Rua Serpa Pinto 4 | museuartecontemporanea.pt | Metro (blau, grün) Baixa-Chiado | 1½ Std. | b5*

29 MIRADOURO DE SANTA CATARINA

Die (eingezäunte) Aussichtsterrasse ist wie geschaffen für laue Sommernächte. Weiter Blick über Hafen und Tejo. Am Café-Kiosk *(tgl. ab mittags, wetterabhängig)* neben der „Adamastor"-Skulptur treffen sich Lebenskünstler und jugendliches Szenevolk. Auch toll: die Aussichtsterrasse des (kinderfreundlichen) *Noobai*-Cafés daneben. *Eléctrico 28 Calhariz-Bica | Metro (blau, grün) Baixa-Chiado | L10*

30 MUSEU JÚLIO POMAR

Júlio Pomar (1926–2018), war einer von Portugals besten Künstlern. Heute zeigt sein Atelier-Museum 100 Ar-

Auf der Suche nach dem „echten" Lissabon: im Altstadtviertel Madragoa

beiten verschiedener Schaffensperioden (Neorealismus, Neoexpressionismus). Die Gestaltung der hellen Räume trägt die Handschrift des Architekten Siza Vieira. *Di–So 10–13 und 14–18 Uhr | Eintritt 2 Euro, So 10–13 Uhr frei | Rua do Vale 7 | ateliermuseujuliopomar.pt | Metro (blau, grün) Baixa-Chiado | 1 Std. | L9*

CAMPO DE OURIQUE, LAPA & MADRAGOA

Das beschauliche Viertel Campo de Ourique entstand Ende des 19. Jhs. Schöne Jugendstilfassaden, nette Cafés und hübsche Geschäfte machen den Charme des Wohnviertels aus.

Lapa nahe der Basílica da Estrela ist Diplomatenrevier und der vornehmste Bezirk der City. Die angrenzende Liliputgemeinde *Madragoa* mit ihren bezaubernden Gassen, alten Kirchlein und idyllischen Plätzen ist eins der nettesten und unverfälschtesten Altstadtviertel. Die Eléctrico 25 schaukelt einen durch einige schöne Ecken.

31 ASSEMBLEIA DA REPÚBLICA

Im *Palácio de São Bento*, hinter einer strahlend weißen neoklassizistischen Säulenfront, tagt das Parlament, hinten im Garten (Geheimtipp: So geöffnet!) hat der Premierminister seinen Sitz. Freitreppen, flankiert von marmornen Löwen, führen zum Palast (19. Jh.), der auf den Ruinen des Benediktinerkonvents São Bento de Saú-

Scannen & Auswählen
LIS-17-022

de erbaut wurde. *Av. Dom Carlos | parlamento.pt | Eléctrico 28 Calçada Estrela | K9*

32 JARDIM DA ESTRELA

Hübscher Stadtpark vor der *Basílica da Estrela* mit alten Bäumen, Holzbänken unter Platanen, einem kleinen Terrassencafé und Teichen; in der Mitte ein filigraner Jugendstil-Musikpavillon. Über den oberen Ausgang ist es nicht weit zur Rua de São Bento mit ihren reizenden Läden (wochentags) und dem letzten Wohnsitz der Fado-Queen Amália Rodrigues *(Nr. 193, amaliarodrigues.pt). Praça da Estrela | Eléctrico 25, 28 Estrela | J-K9*

33 BASÍLICA DA ESTRELA

Die weiße Kuppel der Sternenbasilika sticht beeindruckend aus der Skyline Lissabons heraus. Sie ist begehbar und bietet einen tollen Rundblick *(Kuppelzugang 4 Euro)*. Die Basilika wurde 1777 von Königin Maria I. (1734–1816) aus Dankbarkeit für die Geburt eines Thronfolgers gestiftet. Heute finden hier viele VIP-Begräbnisse statt. Besonders schön ist die neoklassizistische Hauptfassade mit den Marmorstatuen *(Mo 7.30–13, 16–19.45, Di/Do 7.30–19.45, Mi 7.30–13, 15–19.45, Fr 7.30–13, 15–19.45, Sa 9.30–19.45, So 8.30–13-15, 15–19.45 Uhr)*. Schön ist außerdem die riesige Barockkrippe *(Besichtigung 2 Euro)* von Altmeister Machado de Castro – über 400 Figuren zeigen den Stall in Bethlehem, dazu eine typisch portugiesische, realistisch-rustikale Szenerie drumherum. *Eléctrico 25, 28 Estrela | 1 Std. | J9*

34 CEMITÉRIO DOS PRAZERES

Der riesige *Friedhof der Vergnügungen* (1833) ist eine kleine Stadt für sich. Prächtige Mausoleen und bescheidene Grabstellen liegen nah beieinander. Viele berühmte Portugiesen fanden hier ihre letzte Ruhe, aber besonders interessant sind die Grabliegen für Berufsgruppen und die schiere Vielfalt der Grabarchitektur. *Okt.–April tgl. 9–17, Mai–Sept. 9–18 Uhr | Praça São João Bosco | Parada dos Prazeres | Eléctrico 28 Endhaltestelle 25 Rua Saraiva de Carvalho | Bus 709 Rua Saraiva de Carvalho | 1 Std. | H9*

35 MUSEU NACIONAL DE ARTE ANTIGA

Das Nationalmuseum für alte Kunst besitzt die bedeutendste Kunstsammlung Portugals, stilvoll in einem Palast eines indischen Vizekönigs aus dem späten 17. Jh. präsentiert. Die Objekte erzählen Geschichten, ob japanische Raumteiler mit Portugiesen als „Langnasen" auf Schiffen dargestellt, ob Möbel, Keramik, Glas, sakrale Silber- und Goldarbeiten oder orientalische Elfenbein- und Perlmuttobjekte. Großartig ist die Gemäldesammlung europäischer Meister, darunter Werke von Dürer, Holbein, Cranach, Velázquez. Stars der Show sind der sechsteilige Flügelaltar des portugiesischen Frührenaissance-Malers Nuno Gonçalves und Hieronymus Boschs Triptychon „Die Versuchung des Heiligen Antonius" – nichts für Leute, die zu Albträumen neigen. Superschön ist in jedem Fall die frei zugängliche Terrassenbar mit Blick über den Tejo und den alten Hafen. *Di 14–18, Mi–So 10–18 Uhr | Eintritt 6 Euro, 1. So im Monat frei | Rua das Janelas Verdes 95 | museudearte antiga.pt | Eléctrico 15 Cais Rocha | Bus 714 Cais Rocha | 2 Std.*

Nebenan, im *Jardim 9 de Abril*, ist die Bistrocafé-Cocktailbar *Le Chat (Mo–Sa 12.30–2, So 12.30–0 Uhr | facebook: Le Chat Lisboa)* mit super Blick über den Fluss ideal für den Sundowner – und dank der späten Öffnungszeiten auch für einen stilvollen Absacker. *J10*

BELÉM, RESTELO & AJUDA

In Belém (Bethlehem), ca. 7 km westlich vom Stadtzentrum stehen die meistbesuchten Sehenswürdigkeiten der Hauptstadt, etwa das Hieronymuskloster (Mosteiro dos Jerónimos) oder die Torre de Belém. Das große Erdbeben von 1755 verschonte den Stadtteil. Nach der Katastrophe wurden Belém und insbesondere die angrenzenden Viertel Restelo und Ajuda deshalb zum begehrten Wohnsitz von Reichen und Adligen. Das ist bis heute so geblieben. Im Herzen Beléms liegt der rosafarbene *Palá-*

Scannen & Auswählen
LIS-17-023

cio de Belém, seit Gründung der Republik 1910 Sitz des portugiesischen Präsidenten. Nicht weit von hier wohnte bis zum Ausruf der Republik die königliche Familie im *Palácio Nacional da Ajuda*. Der „halbe" Palast, nie ganz fertiggestellt und trotzdem sehr sehenswert, grenzt an den *Jardim Botânico da Ajuda (jardimbotanicodajuda.com),* den ältesten botanischen Garten Portugals.

36 MAAT ★

Lissabons Antwort auf die Londoner Tate Modern Gallery: Das Museum für Architektur, Kunst und Technologie ist mit seinem gewagten Bogenlook seit 2017 ein neuer Hingucker am Tejo. Der großzügige Bau mit seinen spannenden Installationen und dynamischen Dialogen zwischen Architekten und Künstlern ist schön als Ziel für einen 7 km langen Spaziergang am Fluss entlang: z. B. von der *Torre de Belém* (s. S. 53) oder vom *Mosteiro dos Jerónimos* (s. S. 50) bis zum Cais do Sodré. Das alte Elektrizitätsmuseum im roten Backsteingebäude ist jetzt Teil des MAAT. Praktisch ist der neue Brückenübergang zum *Kutschenmuseum,* und seit 2019 gibt's auch endlich ein Restaurant: Im coolen *Sud Lisboa (tgl. 8–2 Uhr | sudlisboa.com | €€€)* erwarten dich unter dem Motto „It's Happening" eine obercoole Terrasse, eine sehr raffinierter Mittelmeerküche, DJs *(ab 19 Uhr)* und ein Krösuspool *(tgl. 10–18 Uhr | Tagesticket 45 Euro),* der leider nur mit beheiztem Wasser statt mit Goldtalern gefüllt ist ... *MAAT: Mi–Mo 12–20 Uhr | Eintritt MAAT 5 Euro, Elektrizitätsmuseum (Central) 5 Euro, Kombiticket 9 Euro | Av. Brasília/Central Tejo | Tel. 210028130 | maat.pt | Eléctrico 15 oder Vortortszug Belém | Busse 714, 727, 728, 729, 751 Belém | 2 Std. | E12*

INSIDER-TIPP
Man gönnt sich ja sonst nix!

Wie sich das Fahrzeugdesign doch verändert hat: Kutschenmuseum

37 MUSEU NACIONAL DOS COCHES

Die portugiesische Creme de la Creme war immer gern stilvoll unterwegs, und das markante, „schwebende" Kutschenmuseum bietet einen so stilvollen wie ungewöhnlichen Rahmen für die zahlreichen Nobelkarrossen, Reisekutschen und Triumphgefährte vom 16. bis zum 20. Jahrhundert. Im ehe-

maligen Museumsgebäude gegenüber ist jetzt wieder die Hofreitschule *(Eintritt 4 Euro)* zu Hause. *Di–So 10–18 Uhr | Eintritt 8 Euro | Praça Afonso de Albuquerque | museudoscoches.pt | Eléctrico 15 und Vorortszug von Cais de Sodré Richtung Cascais bis Belém | Busse u. a. 714, 727 Belém | 1½ Std. | D11*

38 MUSEU DA PRESIDÊNCIA

Das Museum im puderpink gestrichenen Belém-Palast stellt euch die portugiesischen Präsidenten vor. Vom bescheidenen Intellektuellen Manuel Arriaga, der jede Geldverschwendung hasste (1910), bis zum seit 2016 amtierenden „Mann des Volkes" Marcelo Rebelo da Sousa zeigt die Galerie alle

Prunkvoller Klosterkomplex in Belém: Mosteiro dos Jerónimos

Präsidenten des Landes. Komm samstags, wenn man den Palast, die Gärten und den Marienzyklus der Top-Künstlerin Paula Rego sehen kann. Wie bei jedem offiziell genutzten Gebäude am besten vor Besuch anrufen! *Museum: Di–So 10–18 Uhr | Eintritt 2,50 Euro (So und Fei bis 13 Uhr gratis) | Führung Palast und Garten: Sa 10.30–16.30 Uhr | 5 Euro | Praça Afonso de Albuquerque | Tel. 2 13 61 46 60 | museu.presidencia.pt | Eléctrico 15 Belém | 1 Std. | D11*

39 MOSTEIRO DOS JERÓNIMOS ★

Es sollte stets das Erste sein, was vom Schiff aus bei der Ankunft in Lissabon zu sehen war: das Hieronymuskloster, Prunkstück des goldenen Zeitalters der Entdeckungen, Ruhestätte der großen Landessöhne, seit 1983 Unesco-Welterbe. König Manuel I., der Glückliche *(o Venturoso)* genannt, weil seine Seeleute ihm ein Weltreich mitbrachten, legte 1501 den Grundstein. Beflügelt von den Seefahrergeschichten schufen seine Baumeister üppige orientalische Verzierungen. Erst Jahrhunderte später sollte der eigenwillige Baustil zwischen Gotik und Renaissance den Namen Manuelinik erhalten. Nach dem Tod König Manuels I. im Jahr 1521 dauerte es noch fast 50 Jahre, bis das Kloster stand.
Wer durch die beiden meisterlich gefertigten Portale tritt, findet im Inneren sechs Pfeiler, die sich zu Palmen auffächern und einen Himmel aus Sternen und Quadraten bilden. Unter der Empore befinden sich zwei prächtige Sarkophage: Der von Vasco da Gama ist verziert mit Karavellen, Weltkugel und Kreuzrittersymbol, rechts daneben steht der des Nationaldichters Luís de Camões, geschmückt mit Federkiel, Lorbeerkranz und Leier. Der Autor des portugiesischen National-

epos *Os Lusíadas* liegt allerdings nicht hier, er starb 1580 völlig verarmt an der Pest und wurde in einem Lissabonner Massengrab beigesetzt.
In Nischen beim Hochaltar stehen, getragen von marmornen Elefanten, die königlichen Sarkophage. Märchenhaft ist der doppelstöckige Kreuzgang: Mit seinen filigranen, üppigen Verzierungen gilt er als einer der schönsten der Welt – ein würdiger Rahmen für das Grab Fernando Pessoas, des großen modernistischen Dichters. Dem Kreuzgang ist ein Refektorium angeschlossen. Auch hier git es ein herrliches, steinernes Netzgewölbe und dazu Azulejo-Paneele aus dem 18. Jh. mit der Story von Josef und seinen Brüdern: ein tragisch-spannender Comic Strip! *Kreuzgang: Okt.–April Di–So 10–17.30, Mai–Sept. Di–So 10–18.30 Uhr | Eintritt 10 Euro, So frei, Kirche: freier Eintritt | Praça do Império | mosteirojeronimos.pt | Eléctrico 15 | Zug von Cais do Sodré bis Belém | 2 Std. |* C11

40 MUSEU NACIONAL DE ARQUEOLOGIA

Besonders interessant im zu Unrecht wenig beachteten Archäologischen Museum im Westflügel des *Mosteiro dos Jerónimos,* wo früher die Mönche schliefen, ist der „Schatzraum". Schmuck und Münzen von 20–150 n. Chr. zeigen die reichen Gold-, Silber- und Kupfervorkommen, die es einmal in Portugal gab. Die Minen wurden unter den Römern regelrecht ausgebeutet. Außerdem sind archäologische Funde aus der Frühzeit, Artefakte aus Ägypten, römische Mosaike und mittelalterliche Geräte zu sehen. *Di–So 10–18 Uhr | Eintritt 5 Euro, 1. So im Monat frei | Praça do Império | museuarqueologia.pt | Eléctrico 15 Mosteiro dos Jerónimos | 1 Std. |* C11

41 MUSEU DA MARINHA ★

Mit dem Marinemuseum – vollgestopft mit Schiffsmodellen von antik bis zeitgenössisch: Fischerboote, Walfangschiffe, Rudergaleeren, Fregatten, Karavellen, Segelyachten, Kreuzer, Kriegsschiffe, Öltanker – setzte die Seefahrernation Portugal sich und dem Zeitalter der Entdeckungen vor 150 Jahren ein Denkmal. Von den goldenen Zeiten zeugen auch Navigationshilfsmittel wie Landkarten, nautische Instrumente und Bordgeräte, Logbücher sowie Gemälde. Ein paar Hundert Meter entfernt stach vor mehr als 500 Jahren die Armada von Kapitän Vasco da Gama in See. *Sommer Di–So 10–18, Winter Di–So 10–*

17 Uhr | Eintritt 6,50 Euro, 1. So im Monat frei | Praça do Império | museu.marinha.pt | Eléctrico 15 CCB | 1½ Std. | C11–12

42 PADRÃO DOS DESCOBRIMENTOS

Das mächtige weiße Denkmal in Belém versinnbildlicht den Aufbruch der portugiesischen Entdecker in neue Welten. Zu Ehren Prinz Heinrichs des Seefahrers (*Infante Dom Henrique*, 1394–1460) wurde es 1960 anlässlich seines 500. Todestages errichtet. Das wuchtige, 50 m hohe Denkmal schiebt sich wie der Bug einer Karavelle in den Tejo. Darauf steht an der Spitze Prinz Heinrich höchstselbst. Hinter ihm reihen sich dicht gedrängt wichtige Persönlichkeiten der Zeit: Kapitäne, Astronomen, Kartografen, Maler, Mönche, Schriftsteller. Mit dem Fahrstuhl ist man ruckzuck auf der Aussichtsterrasse – für den besten Blick auf das große Marmormosaik auf dem Boden vor dem Denkmal. Es zeigt eine Weltkarte mit den ehemaligen portugiesischen Kolonien. Da wird einem so richtig bewusst, wie unglaublich es ist, dass das kleine Portugal mit nur einer Million Einwohnern so mächtig werden konnte. Bald wird es in Lissabon ein Museum der Entdeckungen geben – der genaue Name wird noch heiß diskutiert, wie auch die Rolle Portugals in Bezug auf die Sklaverei in den Kolonien. *März–Sept. tgl. 10–19 Uhr, Okt.–Feb. Di–So 10–18 Uhr | Eintritt 5 Euro | padraodosdescobrimentos.pt | Eléctrico 15 bzw. Vor-*

Marmormosaik vor dem Padrão dos Descobrimentos: Wer findet alle Kolonien?

ortszug von Cais do Sodré Richtung Cascais bis Belém | *30 Min.* | *C12*

43 TORRE DE BELÉM ★

Der kunstvoll im manuelinischen Stil gehaltene Wehrturm erinnert an die Zeit, als die portugiesischen Entdecker mit ihren Karavellen von hier aus in See stachen. Unter König Manuel I. 1515–21 errichtet, diente der Turm zum Empfang der voll beladenen Schiffe aus aller Welt und zur Verteidigung der breiten Flussmündung. Einst stand das Schmuckstück mit Steinkordel, Faltkuppeln und venezianischen Loggias auf einer kleinen Insel mitten im Tejo. Im Laufe der Jahrhunderte versandete der Fluss, und so ist die Torre heute über einen Steg zugänglich. Im Inneren liegen Kanonen, auf der Terrasse steht die Statue der Schutzheiligen des Erfolges, Madonna do Bom Sucesso, die bereits die Schiffe der Entdecker begrüßte. Von der Terrasse im vierten Stock hat man aus 35 m Höhe eine gute Sicht auf die umliegenden Stadtviertel und den Tejo. In der Hochsaison bilden sich allerdings Schlangen auf dem Steg, und es herrscht drangvolle Enge im Aufgang. *Okt.-April Di–So 10–17.30, Mai–Sept. Di–So 10–18.30 Uhr | Eintritt 6 Euro | torrebelem.pt | Eléctrico 15 Largo da Princesa* | *1 Std.* | *B12*

44 PALÁCIO NACIONAL DA AJUDA

Ein Schmuckstück für die Momente, wenn man den Massen entfliehen möchte. Als König José I. nach dem Erdbeben 1755 lieber hier draußen blieb, ließ er einen provisorischen Vorgängerbau errichten. König João VI. gab den Palastbau 1802 in Auftrag, doch erst 1862 bezog König Luís I. mit seiner Frau D. Maria Pia die königliche Residenz, die nie ganz fertig wurde – der Berliner Flughafen lässt grüßen ... Die junge, malerisch begabte Königin war verantwortlich für die Gestaltung der Gemächer. Der Palast ist üppig ausgestattet mit Antiquitäten und Kunstwerken. Im rosafarbenen Sachsensaal sind selbst die Stühle und Tische aus Meissner Porzellan gefertigt. *Do–Di 10–18 Uhr | Eintritt 5 Euro | palacioajuda.gov.pt | Eléctrico 18 Calçada Ajuda (Palácio)* | *1 Std.* | *D10*

AUSSERDEM SEHENSWERT

45 CRISTO REI

Den Blick auf Lissabon gerichtet, scheint die Christusstatue am südlichen Ufer des Tejo mit offenen Armen seine Besucher zu empfangen. Für manche ist der *Christkönig* ein Wallfahrtsort, für die meisten eher ein Aussichtspunkt mit herrlichem Blick über Lissabon und das Tejo-Delta. Ein Aufzug fährt 80 m hinauf zur Aussichtsplattform mit der 28 m hohen Betonstatue. Die 1959 eingeweihte Christusfigur, eine Kopie des *Redentor* in Rio de Janeiro, entstand als Dank der portugiesischen Nation dafür, dass man im Zweiten Weltkrieg „ausgespart" wurde. *Tgl. ab 9.30 Uhr, geschl. wird je nach Jahreszeit zwischen 18 und 19.30 Uhr | Eintritt*

Scannen & Auswählen
LIS-17-026

5 Euro, Juli–Mitte Okt. 6 Euro | cristorei.pt | Fähre Cais do Sodré bis Cacilhas | dann Bus 101 Cristo Rei | 1 Std. | O

46 PONTE 25 DE ABRIL

Hm, die elegante *Ponte 25 (Vinte e cinco) de Abril* erinnert doch an was … Ja, an die Golden Gate Bridge in San Francisco! Diktator Salazar ließ sie bei der Einweihung 1966 auf seinen Namen taufen. Nach dem Sturz des Regimes wurde die Brücke umbenannt. Seitdem erinnert sie Lissabons Pendler jeden Tag an die Nelkenrevolution vom 25. April 1974. Fünf Fahrspuren führen in 70 m Höhe über den Fluss. 1999 wurden für eine Bahnverbindung in den Süden Portugals Schienentrassen unter die Fahrbahn gehängt. Cool: Seit 2018 braucht man nicht mehr hochzuschielen und sich zu fragen, wie's wohl da oben ist. Dank der *Pillar 7 Bridge Experience* darf man jetzt auf einen der Brücken-Sockel hoch. Erstmal durch den – spannend gemachten – Museumsteil hocharbeiten, dann spektakuläre Fotos schießen auf der engen Glasplattform überm Nichts. Toll bei Sonnenuntergang! Danach ist das Zusatzticket für die visuelle Show in einem Kabuff neben dem Souvenirshop vielleicht nicht mehr wirklich nötig. *Tgl. 10–18, im Sommer bis 20 Uhr | Av. da India (Pilar 7 da Ponte 25 de Abril) | visitlisboa.com | Straßenbahn 15E, Busse 714, 727, 732, 751, Vorortszug Cais do Sodré/Cascais: Alcântara | 1½ Std. | G11–12*

INSIDER-TIPP
Selfie-Time für Schwindelfreie

47 MUSEU DO ORIENTE

Im imposanten Orientmuseum, einem ehemaligen Stockfischlager (Achtung: bisschen düster!), geht es um die portugiesische Präsenz in Asien. Antiquitäten, Bilder und Kunstobjekte erzählen von der großen Zeit der portugiesischen Entdecker – die Portugiesen waren die ersten „Langnasen", die in Japan Handel trieben. Die Missionsbestrebungen liefen weniger gut, wie man in Martin Scorseses Film „Silence" (2017) sehen konnte. Zu sehen gibt es Volkskunst und Trachten, Masken, Gemälde und Kultgegenstände. Am besten den Besuch mit einem Kulturevent verbinden: Workshops, Oper, Pop oder aktuelle Kunst aus China, Theater, Tanz, Kino, Orientrestaurant. *Di–So 10–18, Fr 10–22 Uhr | Führungen auf Englisch 8 Euro, vorab reservieren | Eintritt 6 Euro, Fr 18–22 Uhr frei | Av. de Brasília | Doca de Alcântara | museudooriente.pt | Eléctrico 15, 18 oder Vorortszug Richtung Cascais: Alcântara Mar (Museu Oriente) | 1½ Std. | H11*

48 MUSEU ART-DÉCO & ARTE NOVA

Die Lissaboner warten seit 2017 auf die Eröffnung von Joe Berardos Museum zu Art-déco und Jugendstil im CCB-Kulturzentrum (s. S. 99). Die moderne Sammlung des umstrittenen Selfmade-Millionärs, der in finanziellen Schwierigkeiten steckt, zu dieser spannenden Epoche des frühen 20. Jh. umfasst über 300 Objekte: Möbel, Keramik, Skulptur, Schmuck. *Zeiten und Preise über die Website abfragen | Rua 1° Maio 34 | berardocollection.*

Kommt dir bekannt vor? Cristo Rei ist eine Kopie der Christusstatue in Rio

com | Eléctrico 15E, Busse 714, 760, Haltestelle Calvário | *G10*

49 PARQUE FLORESTAL DE MONSANTO

Mal raus ins Grüne? Dafür hat Lissabon den riesigen Monsanto-Park im Nordwesten – die grüne Lunge der Stadt. Es gibt endlose Fahrrad-, Wander- und Reitwege, Trimmpfade, Picknickparks, Spielplätze und (wenige) Restaurants. Außerdem Freeclimbing- und Skateanlagen. Monsanto ist auch der Endpunkt der 14 km langen *Biodiversitätsroute (Rota da Biodiversidade | short.travel/lis8)*, die an naturwissenschaftlich und historisch spannende Orte – Kapellen, Paläste und Geomonumente – führt, mit Startpunkt in Belém. *Bus 729 von Belém bis Montes Claros* | *C–G 5–10*

50 AQUEDUTO DAS ÁGUAS LIVRES

Spätestens aus dem Fenster des Zugs nach Sintra erspäht man ihn: Der *Aquädukt der freien Wasser* macht gut was her. Obwohl Lissabon vom Tejo-Delta fast eingeschlossen ist, war Wassermangel jahrhundertelang das Hauptproblem der Stadt. König Dom João V. (1705–50) gab den Aquädukt in Auftrag und bat das Volk mittels einer Wasserabgabe dafür zur Kasse. Das Wasser wurde über 18 km unter- und oberirdisch bis zum Reservoir *Mãe d'Água* (Mutter des Wassers) in der Nähe des Amoreiras-Shoppingcenters geführt. Das monumentale Bogenbauwerk überstand wundersamerweise das Erdbeben von 1755 unbeschadet, erst 1967 wurde der Betrieb endgültig eingestellt. Die knapp

Scannen & Auswählen
LIS-17-027

Verspielte Gartenarchitektur: Park des Palácio dos Marqueses de Fronteira

1 km lange Überbrückung des Alcântara-Tales bildet den eindrucksvollsten Teil des Aquädukts. Er besteht aus 35 Bögen, der größte ist 65 m hoch und 29 m breit. Den Fußweg über den Aquädukt kann man heute wieder begehen. Er ist nur in eine Richtung passierbar, bietet aber einen tollen Ausblick. *Di–Sa 10–17.30 Uhr | Eintritt 3 Euro | Calçada da Quintinha 6 | epal.pt | Bus 702 von Marquês de Pombal bis Cç. Mestres | 30 Min. | H6*

51 PALÁCIO DOS MARQUESES DE FRONTEIRA

Besonders schön an dem herrschaftlichen Palast im Stadtteil Benfica ist die romantische Gartenanlage. Der erste Marquês de Fronteira ließ das Palais im 17. Jh. als Jagdpavillon errichten. Besonders toll sind die Azulejos. Götter, Planeten, Sternzeichen, Vögel, Katzen und Affen verzieren Bänke und Fassaden auf der Veranda. Die prachtvoll geflieste Galerie der Könige dominiert den unteren Teil des Gartens. Tiefblau leuchten die Azulejos in der Sonne und spiegeln sich im Teich davor wider. *Nur mit Führung, Juni–Sept. Mo–Sa 10.30, 11, 11.30, 12, Okt.–Mai Mo–Sa 11, 12 Uhr | Eintritt Palast und Garten 7,50, Garten 3 Euro | Largo São Domingos de Benfica 1 | fronteira-alorna.pt | Metro (blau) Jardim Zoológico | dann Bus 770 Palácio Fronteira | oder Taxi | 2 Std. | G5*

INSIDER-TIPP **Funkelndes Blau**

52 JARDIM ZOOLÓGICO

Mit Familie da? Der Lissabonner Zoo macht seit über 100 Jahren Kinder glücklich. Heute leben hier rund 2200 Tiere, von Sumatra-Tigern über Giraffen bis zum iberischen Luchs. Außerdem: Rummelplatz, Pelikanfütterung,

ein Bimmelbähnchen und eine Drahtseilbahn. Achja, und ein von LIDL gesponserter Streichelzoo und Gemüsegarten ... *Tgl. 10–19, März–Sept. bis 20 Uhr | Eintritt 22 Euro, Kinder (3–12 Jahre) 14,50 Euro | Estrada de Benfica 158–160 | zoo.pt | Metro (blau) Jardim Zoológico | 2½ Std. | 0*

53 MUSEU DE LISBOA – PALÁCIO PIMENTA

Tauch ein in Lissabons lange Stadtgeschichte, von der Antike bis in die Gegenwart, von riesigen römischen Fischsaucen-Amphoren bis zum interaktiven 3-D-Modell, das Lissabon vor dem Erdbeben 1755 zeigt. Das Museum ist im *Palácio Pimenta* untergebracht, den König João V. 1746 seiner Geliebten schenkte – einer Nonne! Fabelhaft ist schon das Interieur des Palastes mit Möbeln und großartigen Azulejos, besonders schön die alte Küche. Nicht verpassen solltest du den *Jardim Bordallo Pinheiro* mit seinen bunten, surreale Tierskulpturen von Altmeister Rafael Bordallo Pinheiro (gegenüber dem Museum): Affen hängen in Bäumen, Schnecken kriechen Wände hoch, arrangiert von der Pop-Artistin Joana Vasconcelos. Da machen die echten Pfauen (darunter ein Albino) Augen! Und das Beste: Kostenpunkt: null Euro! Super auch für Kinder. *Museum: Di–So 10–18 Uhr | Eintritt 3 Euro, So und Fei bis 14 Uhr Eintritt frei | Campo Grande 245 | museudelisboa.pt | Metro (gelb, grün) Campo Grande | 2 Std. inkl. Garten | 0*

54 MUSEU CALOUSTE GULBENKIAN ★

Das größte Museum der Stadt ist gleichzeitig das schönste , wenn auch nicht von außen. Im Gulbenkian-Museum warten rund 1000 Werke der einzigartigen Kunstsammlung, die der armenische Ölmagnat Calouste Sarkis Gulbenkian Lissabon hinterlassen hat – als Dank für das gewährte Asyl im Zweiten Weltkrieg. Die Hälfte der ständigen Ausstellung zeigt orientalisches Kunsthandwerk: Tapisserien, Azulejos, Teppiche, Bücher, Schriften, Porzellan- und Glaswaren aus der Türkei, Persien, Syrien und China. In weiteren Räumen sind Bilder und Skulpturen europäischer Meister zu sehen: Werke von Rubens, Rembrandt, Frans Hals, Turner, Gainsborough, Manet, Degas, Renoir und Rodin. Außerdem: Stilmöbel, Porzellane und silberne Tafeldekorationen, vor allem französische Glanzstücke des 18. Jhs. Jugend-

Scannen & Auswählen
LIS-17-028

stilfans kommen im René-Lalique-Raum auf ihre Kosten. In der *Cafetaria* mit Außengastronomie ist die Qualität des Essens top. Am besten den Besuch auf einen Sonntag oder Montag legen, denn an diesen Tagen gibt's um 11 Uhr für 7 Euro Aufschlag eine Superführung auf Englisch durch das Universum von „Mr Five-Percent" – tiefe Einblicke in die Kunstgeschichte … Danach sollte man sich aber auf jeden Fall die Zeit nehmen, nochmal in Ruhe durch die Säle zu streifen.

Bei einem Spaziergang durch den schönen Gulbenkian-Park mischt man sich unter die Einheimischen, und ein Besuch des angeschlossenen Museums für moderne Kunst, des *Centro de Arte Moderna (cam.gulbenkian.pt)* mit Wechselausstellungen zur zeitgenössischen Kunstszene Portugals, lohnt. Jetzt gibt's um die Ecke auch das Restaurant zum Thema: Im *Ararate (tgl. | Av. Conde Valbom 70 | ararate.pt | €€–€€€)* werden armenische Spezialitäten serviert. *Mi–Mo 10–18 Uhr | Eintritt 5 Euro, So ab 14 Uhr Eintritt frei, Kombiticket mit Centro de Arte Moderna 10 Euro | Av. de Berna 45a | museu.gulbenkian.pt | Metro (blau) São Sebastião, Praça de Espanha | 2 Std. | K5*

INSIDER-TIPP
Tafeln wie der alte Gulbenkian

55 PARQUE DAS NAÇÕES ★

Das ehemalige Expogelände ist zum Symbol für das neue Lissabon geworden. Die Weltausstellung 1998 war der Anlass für ein gigantisches Urbanisierungsprojekt. Fast aus dem Nichts entstand hier am Ufer des Tejo ein neuer Stadtteil, in dem heute rund 20 000 Menschen leben und arbeiten. Hier liegen Portugals architektonische Perlen der Moderne wie an einer Kette aufgereiht. Der insgesamt 17 km lange *Ponte Vasco da Gama* überbrückt (auf 12 km) das breite Tejo-Delta. Das andere Ufer ist ein Mekka der Birdwatcher, ab 2022 entsteht dort allerdings ein zweiter Flughafen – der alte platzt aus allen Nähten. Pilgerstätte für Architekten ist der Hightech-Bahnhof *Oriente:* ein filigraner Palmenhain aus Stahl und Glas, entworfen vom spanischen Architekten Santiago Calatrava. Besuchermagnet Nummer eins im Park der Nationen ist das gigantische *Oceanário (tgl. 10–20, im Winter bis 19 Uhr | Eintritt 16 Euro | oceanario.pt),* eines der größten Meerwasseraquarien Europas. Wer ein bisschen in diesem (teuren!) Viertel umherstreift, findet viel coole öffentliche Kunst.

Der futuristische *Pavilhão Atlântico (Altice Arena,* bei der Expo damals der „Zukunftspavillon") bietet 20 000 Zuschauern Platz bei Konzerten und Sportevents. 2018 war Portugal hier Gastgeber des *Eurovision Song Contests*. Gleich hier liegen auch die Messehallen *(FIL)*. Neben Restaurants, Bars und Kneipen zieht das sexy schwarzverglaste *Casino Lisboa* mit Showbühne und diversen (Gratis-) Events abends Besucher an. Wer das Gelände aktiver erkunden möchte, kann Fahrräder, ein Sitgo (eine Art elektrischen Sitzrads) oder Kajaks (zum Befahren des Ozeanarium-Bassins) mieten *(marinaparquedasnacoes.pt). portaldasnacoes.pt | Metro (rot) Oriente | S1–4*

56 MUSEU NACIONAL DO AZULEJO ★

Ohne das Kachelfliesenmuseum zu besuchen, sollte man auf keinen Fall die Stadt verlassen. Am besten lädt man sich an der Rezeption die Gratis-App runter; sie ersetzt den Audioguide und erklärt die chronologisch aufgebaute Mega-Sammlung der für Portugal so typischen Kunst der Fliesenmalerei – von den maurischen Anfängen bis ins 21. Jh. Nicht das Prunkstück im 3. Stock verpassen: das 35 m lange Azulejopanorama Lissabons vor dem Erdbeben – der Aufgang ist portugiesisch diskret, um nicht zu sagen etwas versteckt.

Untergebracht ist das Museum im „Muttergottes-Konvent", dem *Convento da Madre de Deus*. Erbaut wurde der Klarissinnen-Konvent 1509 von Leonor, der „perfekten Prinzessin". Sie war eine der reichsten Frauen ihrer Zeit, aber auch eine bescheidene. Beim Betreten der überwältigend mit Gemälden, Keramikfliesentafeln und vergoldeten Holzschnitzarbeiten ausgestalteten Kirche läufst du mal eben über ihr Grab. Nach Voranmeldung *(servicoseducativo@mnazulejo.dgpc.pt oder telefonisch)* kannst du bei einem einstündigen Workshop deine eigene Fliesenkachel bemalen (Mo–Fr 12, Sa/So 15 Euro inkl. Museum), die du dann zwei bis drei Tage später abholen kannst. Achtung Souvenir-Shopper: Der Museumsladen macht eine epische Mittagspause von 12.30 bis 15.30 Uhr! Und last, but not least: Niemand kann sich dem Charme des Caférestaurants entziehen. Besonders an heißen Tagen lässt es sich hier unter Palmen gut aushalten. *Museum: Di–So 10–18 Uhr | Eintritt 5 Euro | Rua*

Kommen und Staunen: Kachelmuseum im Kloster Madre de Deus

Scannen & Auswählen
LIS-17-029

Madre de Deus 4 | Tel. 2 18 10 03 40 | museudoazulejo.pt | Busse 759, 794 Igreja Madre Deus | 1½ Std. | P–Q7

AUSFLÜGE

57 ESTORIL

25 km westlich der City, 30 Min. mit dem Zug vom Bahnhof Cais do Sodré

Westlich von Lissabon an der Atlantikküste liegen die benachbarten Badeorte Estoril und Cascais, einst Seebäder der Könige und des Adels. Am besten einen ganzen Tag für den gemütlichen Ausflug einplanen und Badesachen mitnehmen. *Estoril* – heute mehr oder weniger mit Cascais zusammengewachsen (deshalb auch ohne eigene Tourist-Info) – ist nicht nur durch das größte Spielkasino Europas bekannt. Während des Zweiten Weltkriegs war der Ort auch ein regelrechtes Agentennest; Estoril gewährte vielen Prominenten und gekrönten Häuptern Asyl und ist sozusagen der Geburtsort des berühmtesten Agenten der Filmgeschichte: 007. Der britische Marineoffizier und Romancier Ian Fleming ließ sich hier von einem zockenden serbischen Doppelspion zu seiner Romanfigur inspirieren. Gönn dir einen James-Bond-Martini im stilvollen Ambiente des Hotels *Palácio Estoril*. Keinen Chipwurf vom Kasino entfernt wartet es mit einem 007-Martini inklusive generöser Gratis-Nüsschen auf dich.

INSIDER-TIPP
Shaken not stirred

Wer schon in Estoril aus dem Zug steigt, kann sich einen herrlichen Spa-

Von hier ist ein Blick in den Höllenschlund (Boca do Inferno) gefahrlos möglich

ziergang auf der Strandpromenade bis nach Cascais geben. 🕮 O

58 CASCAIS

30 km westlich der City, 40 Min. mit dem Zug vom Bahnhof Cais do Sodré

Das mondäne *Cascais* konnte den Charme seines alten Ortskerns erhalten. In der lebhaften Altstadt gibt es viele Bars, Restaurants und Boutiquen – die britischen und irischen Pubs spiegeln die Einwohnerstruktur wider. Das Rathaus *(Câmara Municipal)* besticht durch seine schöne Azulejo-Fassade und hat eine gut gemachte Gratisausstellung (auch engl.) zur Stadtgeschichte. Auf dem südlichen Steilufer ragt die wuchtige Zitadelle hervor. Hier und auch schon am Bahnhof kann man kostenlos Räder mieten *(cm-cascais.pt)*.

Durch den Stadtpark ist man schnell am Meeresmuseum *Museu do Mar – Rei Dom Carlos I. (Di–So 10–17 Uhr | Eintritt frei)*, das an die Fischfangtradition der Region erinnert und der schillernden Persönlichkeit des letzten Königs zu verdanken ist, der das Meer liebte und höchstpersönlich erforschte. Nebenan, im coolen Schornsteinbau des Architekten Souto da Moura, wird im *Paula-Rego-Museum (Di–So 10–17/18 Uhr | Eintritt 5 Euro | casadashistoriaspaularego.com)* das oft verstörende, aber geniale Werk der bekanntesten (in London) lebenden portugiesischen Künstlerin gezeigt. Unbedingt reingehen, aber vielleicht ohne die Kinder: Albtraumgefahr!

Entlang der Uferstraße kommt man nach 1 km zum Naturschauspiel *Boca do Inferno*, dem 20 m tiefen „Höllenschlund". 5 km nördlich liegt einer der schönsten Strände Portugals. Die *Praia do Guincho* steht bei Wind- und Kitesurfern auf der ganzen Welt auf der Bucket List. Ein beliebter Treffpunkt ist die *Bar do Guincho (tgl. bis spätnachts)* direkt am Strand. Infos: *visitcascais.com* | *O*

59 SINTRA

20 km nordwestlich der City, 45 Min. mit dem Zug vom Bahnhof Rossio

Das pittoreske Städtchen mit Königspalästen und Herrenhäusern, Parks und Gärten liegt nordwestlich von Lissabon am Fuß des Sintra-Gebirges. Die Eintrittspreise der Paläste sind allerdings gesalzen, frag nach günstigeren Kombitickets, zum Teil auch mit Zugtickets *(parquesdesintra.pt)*. Eine Minute vom Bahnhof lockt zur Linken das *Café Saudade (saudade.pt)* mit Guesthouse – es lohnt sich, eine Nacht im Städtchen zu bleiben. Toll für Monarchie-Nostalgiker: das *Palácio de Sintra – Bed & Breakfast (Rua Consiglieri Pedroso 23 | Tel. 2 13 42 05 11 | portugal-collection.com | €)*

Der *Palácio Nacional de Sintra (Do–Di 9.30–18/19 Uhr | Eintritt 10 Euro)* mit seinen auffälligen Kegelkaminen aus dem 16. Jh. wurde von den damaligen Royals als Sommerresidenz genutzt. Zeugen dieser Zeit sind einzigartige Kachelwände *(azulejos)*, die so viel Geschichte(n) erzählen, dass sich eine Führung *(tgl. 14.30 Uhr, 5 Euro)* lohnt. Hoch über Sintra thronen nicht nur die Ruinen der Maurenburg, sondern auch der *Palácio Nacional da Pena (April–Okt. tgl. 9.45–19 Uhr | Eintritt 14 Euro | Nov.–März tgl. 10–*

18 Uhr | Eintritt 11,50 Euro | 1 Std., Achtung: Die Schlangen werden jedes Jahr länger!), ein Märchenschloss à la Neuschwanstein, umgeben von einem malerischen Park. Vom *Cruz Alta* (Hohes Kreuz), dem höchsten Punkt des Sintra-Gebirges (529 m), bietet sich ein einzigartiger Blick. Das Schloss selbst ist ein wild-romantischer Mix aus Gotik, Barock, Manuelinik, Renaissance und Maurenarchitektur. Du erreichst es per Taxi, mit dem Bus 434 oder zu Fuß. Die Wanderung (ca. 1 Std.) führt durch eine märchenhafte Waldlandschaft. Beim *Turismo* gibt's Informationen zu Wanderungen, auch für den neuen Vila-Sassetti-Pfad hoch zur Maurenburg.

Von Sintra sind es auf der EN 247 knapp 15 km bis zum Felsenkap *Cabo da Roca*, dem westlichsten Punkt des europäischen Kontinents. Die zur Terrassenbar umfunktionierte *Windmüh-*

Farbenprächtiger Stilmix: Palácio Nacional da Pena oberhalb von Sintra

le Moinho D. Quixote (Rua Campo da Bola 7 | Azoia), kurz vor dem Kap kann Ausgangs- oder Endpunkt für spektakuläre Küstenwanderungen sein. Auskunft: *Turismo Sintra (Tel. 2 19 23 11 57 | cm-sintra.pt).* 🗺 O

STRÄNDE

Manche Lisboetas bevorzugen die urbaneren Strände im Westen, entlang der *linha* Richtung Cascais. Andere schwören auf die kilometerweite, dünengesäumte *Costa da Caparica* (🗺 O), die sich auf der Südseite des Tejo vom Badeort Caparica in Richtung Süden zieht. Mehrere Optionen: mit dem Bus TST 161 (Abfahrt Nähe Areeiro) in ca. 45 Min. ins Städtchen Caparica oder mit der Pendlerfähre (2,50 Euro hin und zurück), dann mit dem TST 135 oder dem (viel langsameren, aber häufigeren) TST 124-Bus (4,80 Euro hin und zurück).

Willst du gleich weit weg, ans andere Ende des Endlosstrands, zum Fischerort *Fonte da Telha*? Dann nimm von Cacilhas den stündlichen Bus TST 127. Alternativ fährt im Sommer eine Bimmelbahn am Strand entlang bis Fonte da Telha. An jedem Halt gibt's eine Strandbar; das *Waikiki (Nr. 15, Praia da Sereia)* ist Treffpunkt von Wellenreitern und Surfern, das schicke *Borda d'Água (Nr. 14)* beliebt beim Lissabonner Jetset. Nr. 16 hat eine Kitesurfschule *(kata-vento.net, bordadagua.com.pt)*. Der Strandabschnitt bei Nr. 19 ist ein Treffpunkt von Schwulen und Nudisten. Praktisch: Beim *Beach-19- Daytrip (u.a. lisbonbeach.com | ab 29 Euro exkl. Strandcocktails etc.)* wird einem die Logistik abgenommen – im klimatisierten Transporter mit getönten Scheiben geht's ab ins Beach-Feeling.

ESSEN & TRINKEN

Die traditionelle portugiesische Küche ist einfach, rustikal und deftig. Die Portionen sind meist reichlich. Auf den Teller kommen viel Fisch und Fleisch, Reis und Kartoffeln (oft gleichzeitig!), dazu einige Salatblätter als Standardgemüse.

Außergewöhnliches wird manchmal in einfachsten Wirtshäusern *(tascas)* aufgetischt, wo die *dona* des Hauses noch selbst am Herd steht und liebevoll nach überlieferten Familienrezepten kocht. Einfach schauen, wo Einheimische sitzen, wo viel geredet und gelacht wird! Übrigens: Vegetariern wurde traditionell gern nur ein Omelett

Amêijoas à Bulhão Pato: Muscheln in Knoblauch-Zitronen-Sauce

mit Salat angeboten; heute ist vegetarische und vegane Kost groß im Kommen, Infos über Restaurants findest du auch auf *happycow.net* (*Lisbon* eingeben). Mittagessen *(almoço)* wird in der Regel zwischen 12.30 und 15 Uhr serviert. Abendessen *(jantar)* gibt es ab 20 Uhr, die meisten Gäste kommen allerdings etwa eine Stunde später. Um unter Portugiesen zu speisen, also am besten erst für 21 Uhr reservieren und vorher einen Aperitif auf einer schönen Dachterrasse einnehmen. Das Gedeck *(couvert)* aus Häppchen wie Oliven, Käse, Thunfischpastete, Brot und Butter wird extra berechnet.

WO LISSABON ISST

Scannen & Auswählen
LIS-17-033

MARCO POLO HIGHLIGHTS
★ O BOTANISTA
Kreative vegane Küche mit Stil im coolen Santos-Viertel ➤ S. 74
★ CAFÉ LINHA D'ÁGUA
Entspannen unter Lissabonnern – z. B. nach dem Besuch des Kaufhauses nebenan ➤ S. 70
★ PHARMÁCIA
Draußen Aussicht, drinnen originelle Apotheken-Deko ➤ S. 75
MOURARIA/GRAÇA
Angesagt: traditionell portugiesisch, Weltküche, vegan
São Sebastião da Pedreira
Rua Jacinta Marto
Avenida da Liberdade
Rua da Palma
Jardim da Cerca da Graça
Príncipe Real
Restauradores
Rossio
Mouraria
Rua da Prata
Alfama
Avenida Infante Dom Henrique
Pharmácia
Rua do Alecrim
Chiado
Cais do Sodré
Cais do Sodré
Rio Tejo
500 m
547 yd

Nationalgericht ist der Stockfisch *bacalhau*, den die Portugiesen liebevoll ihren treuen Freund *(o fiel amigo)* nennen. Mindestens 365 verschiedene Zubereitungsarten soll es für ihn geben. Gut (im Sommer frisch, sonst Tiefkühlware), günstig und allseits beliebt: gebratene Sardinen *(sardinhas assadas)*, die nur mit grobem Meersalz eingerieben über Holzkohle *(na brasa)* gegrillt werden. Liebhaber von Schalentieren *(mariscos)* kommen in den *marisqueiras* (Meeresfrüchterestaurants) voll auf ihre Kosten. Die Vielfalt ist beeindruckend, achte aber auf den (Kilo-)Preis. Hummer *(lavagante)* und Langusten *(lagostas)* sind auch in Lissabon nicht gerade billig.

Fleisch *(carne)* mögen die Portugiesen am liebsten medium gebraten. Lamm *(borrego)* wird viel gegessen. Eine Köstlichkeit ist das knusprig gebratene Spanferkel *(leitão assado)*, das in vielen einfachen Kneipen (z. B. in der schön mit Azulejos versehenen *Arena do Sabor (Rua Condes de Monsanto 4a | Nähe Praça da Figueira)* angeboten wird. Als Spezialität gilt *porco preto* aus dem Alentejo, ein schwarzes Schwein, das sich hauptsächlich von Korkeicheln ernährt. Wer gerne Geflügel isst, sollte unbedingt das gegrillte Hühnchen *(frango assado)* bestellen, wer's scharf mag, ordert es *piripiri*. Die Nachspeisen *(sobremesas)* sind gut und oft sehr süß: Milchreis *(arroz doce)*, Karamelpudding *(pudim flan)*, Milchcreme *(leite creme)*. Unbedingt sollte man in Lissabon die Spezialitäten der ehemaligen Kolonien probieren. Es gibt viele gute brasilianische, indische und afrikanische Restaurants.

Voll auf ihre Kosten kommen Weinliebhaber. Ob Rotwein *(vinho tinto)* oder Weißwein *(vinho branco)*, die Auswahl ist groß; Portugals Trumpf ist die Riesenvielfalt einheimischer Reben. Eine Flasche *(garrafa)* mittlerer Preislage kostet in einem ordentlichen Restaurant 12–16 Euro. Hauswein *(vinho da casa)* ist noch günstiger und in der Regel auch gut. Der spritzige Sommerwein *vinho verde* sollte nur gut gekühlt *(bem fresco)* getrunken werden.

Aktuelle Food-Trends sind gesundes Essen, kreatives Fusion Food, authentische italienische Küche, Rohes *(escabeche)* und Mikrobrauereien. Sogar die Veganerfraktion hat Fuß fassen können. Das Airbnb-Konzept hat auch das Essen erfasst:

INSIDER-TIPP
Beim Koch zu Hause

Beim Wine Dinner *(60 Euro)* z. B. fühlt man sich gleich zu Hause und findet neue Freunde. Das Netzwerk *Portuguese Table-Service (25–55 Euro | portuguesetable.com)* bringt abenteuerlustige Hungrige zu den Gastgebern. Keine Angst vor Reinfällen: Alle haben testgekocht, und nach der Gratisregistrierung kannst du Bewertungen deines Gastkochs sehen. Tolle gastronomische Rundumschläge bieten die halbtägigen Food Tours von *Taste of Lisboa (tasteoflisboa.com)* durch die Mouraria und durch Campo de Ourique. Professionell, lecker und garniert mit viel Insiderwissen. Neu: ein kürzerer *Twilight Food & Cultural Walk* zur Aperitif-Stunde *(17.30–20 Uhr)* durch das angesagte Príncipe Real und die Seitensträßchen von Poço dos Negros/Cais do Sodré plus

Natas frisch aus dem Ofen: Única Fábrica Pastéis de Belém

Pop-up-Dinner bei Lissabonnern zu Hause – mitten im Leben!

CAFÉS

A BRASILEIRA

Immer noch das berühmteste Café Lissabons, obwohl es inzwischen kaum noch zu empfehlen ist, weil es fast immer von Touristen überlaufen und der Service recht unfreundlich ist. Ihre Bekanntheit verdankt „die Brasilianerin" vor allem dem Dichter Fernando Pessoa, der hier zu Lebzeiten gerne seinen „Saft" trank: ein Glas Schnaps. Vor dem Café sitzt er nun in Bronze gegossen am Tisch. Spätabends treffen sich Nachtschwärmer zum Espresso; erst um 2 Uhr gehen die Läden runter. *Tgl. | Rua Garrett 120 | Metro (blau/grün) Baixa-Chiado | Chiado | b4*

ALCÔA

Im süßen Himmel: Die Produzenten der berühmten Klostersüßigkeiten aus Alcobaça unterhalten eine Filiale in Lissabon. Zwischen wunderschönen Azulejos von Querubim Lapa regieren Eier und Zucker: „Himmelsspeck", „Füllhörner" und „Eierkastanien"; dazu kommen moderne Interpretationen, u. a. mit Karamellspiralen und Goldstaub gekrönt. Der hervorragende Kaffee und die *doces conventuais* werden ganz portugiesisch im Stehen am Tresen konsumiert. Das Topfoto für Instagram oder Facebook wird vor dem von Kacheln eingefassten Doppelspiegel geschossen. *Tgl. 9–22 Uhr | Rua Garrett 37 | Metro (blau, grün) Baixa-Chiado | Chiado | b4*

INSIDER-TIPP
Eyecandy fürs Netz

Scannen & Auswählen
LIS-17-034

Gartencafé am See mit Kultcharakter: Café Linha d'Água

CAFÉ AMELIA

Der Spot für einen eleganten Top-All Day-Brunch unter Einheimischen mit leckeren Pancakes, hausgemachter Himbeerlimonade, Avocado-Toasts oder einer richtig guten veganen Flower Power Bowl, mit Curcuma-Granola, Rote-Bete-Hummus, essbaren Blumen etc. Der Laden hat auch sonntags geöffnet und ist ideal, um sich nach dem Besuch des Friedhofs Prazeres (s. S. 47) oder nach einer Fahrt mit der berüchtigten Sardinenbüchsen-Tram Nr. 28 wieder ein bisschen auf entspanntes Zen-Level zu bringen. Im Hintergarten gibt's Wärmepilze. Viel besser, als sich im gehypten Schwestercafé in der Baixa in die endlose Schlange zu stellen! *Tgl. 9–21 Uhr | Rua Ferreira Borges 101 | ilovenicolau.com | Bus 709, Tram 25, 28E, Haltestelle R. Saraiva de Carvalho* | Campo de Ourique | *J8*

INSIDER-TIPP
Flower-Power-Brunch

CAFÉ LINHA D'ÁGUA ★

Oberhalb des Stadtparkes Eduardo VII liegt diese entspannte, in Weißtönen gehaltene Cafetaria mit einer schönen Terrasse im Amália-Rodrigues-Garten, direkt an einem kleinen künstlichen See. Studentisches Publikum, kaum Touristen und Selfservice. Superpraktisch fürs *Corte-Inglés*-Kaufhaus. Wifi. *Tgl. 10–20 Uhr | Rua Marquês da Fronteira | linhadeagua.pt | Metro (blau) São Sebastião* | São Sebastião | *K6*

CAFÉ MARTINHO DA ARCADA

Lissabons ältestes Café wurde 1782 eröffnet. Fernando Pessoa war seinerzeit hier Stammgast und pflegte mit Gedichten zu bezahlen. Auch portugiesische Gerichte – frag unter der Woche nach den günstigen *mini-pratos* (kleine Portionen), die auf der Esplanada und in der Cafetaria serviert werden! *Praça do Comércio 3 | martinhodaarcada.pt | Metro (blau, grün) Baixa-Chiado* | Baixa | *d5*

Unsere Empfehlung heute

Entradas (Vorspeisen)

COUVERT (GEDECK)
Pão, manteiga, azeitonas, patés (Brot, Butter, Oliven, Thunfisch-/ Sardellenpaste)

SALADA DE POLVO
Tintenfischsalat mit Zwiebel-Koriander-Vinaigrette

AMÊIJOAS À BULHÃO PATO
Muscheln in Knoblauch-Zitronen-Sauce

Pratos Principais (Hauptgerichte)

PORCO A ALENTEJANA
Schweinegulasch mit Muscheln

ARROZ DE PATO
Entenreis

FAVAS A MODA DE LISBOA
Saubohnen mit Speck und Wurst

BACALHAU À BRAS
Stockfisch-Gratin

PEIXE DO DIA (TAGESFISCH)
Dourada, Robalo, Salmão (Dorade, Wolfsbarsch Lachs)

AÇORDA DE MARISCO
Brotbrei mit Meeresfrüchten

OMELETTE COM QUEIJO E SALADA MIXTA
Käse-Omelett mit gemischtem Salat

Sobremesas (Desserts)

MOUSSE AU CHOCOLAT
Schokoladen-Mousse

FRUTA DA ÉPOCA
Obst der Saison

Bebidas (Getränke)

VINHA DA CASA BRANCO/TINTO
Hauswein, weiß/rot

IMPERIAL
gezapftes Bier

ÁGUA MINERAL COM/SEM GAS
Mineralwasser mit/ohne Sprudel

CAFÉ/BICA
Espresso

CHÃ PRETO/VERDE
Tee, schwarz/grün

PÃO DE CANELA

Das gemütliche Café-Restaurant mit Terrasse hat eine treue Stammkundschaft. Künstler, Journalisten, Abgeordnete vom nahen Parlament und die Nachbarschaft aus dem Bairro genießen unter Bäumen das lässige Ambiente. *Tgl. | Praça das Flores 25–29 | Bus 773 Praça das Flores*. Außerdem an der Praça das Flores: eine Bierbar *(cerveteca)* – probier mal eine Runde *cervejas artesanal* für 9 Euro –, das angesagte Restaurant *Castro* und eine Bio-Pizzeria. *Bairro Alto | K–L9*

ÚNICA FÁBRICA PASTÉIS DE BELÉM

Seit 1837 wird hier die berühmteste Süßigkeit Lissabons hergestellt: *pastéis de Belém*, Vanillecremetörtchen (Natas), frisch aus dem Ofen. Nicht durch die Schlangen abschrecken lassen, die sind fürs Takeway; im Labyrinth innen findet man immer einen Platz! Und im Hinterhof gibt's auch noch ein paar Tische. *Tgl. | Rua de Belém 84–92 | nahe dem Hieronymuskloster | pasteisdebelem.pt | Eléctrico 15 Belém | Belém | D11*

RESTAURANTS €€€

BAIRRO DO AVILLEZ

Der absolute Darling der Kochszene Lissabons ist José Avillez. Ein Degustationsmenü mit passenden Weinchen in seinem mit zwei Michelin-Sternen gekrönten *Belcanto* am Largo de S. Carlos kostet ca. 250 Euro ... Neben einer günstigeren Version *(Cantinho do Aziz)* und einer Pizzeria nebenan in der Rua Duques de Bragança hat der Chef jetzt sein eigenenes „kleines Stadtviertel" – mit Snackbar, Restaurant, Gourmetladen. Visuell ist die „Petiscos"-Taberna mit Häppchen vorne der Star, das Preis-Leistungs-Verhältnis ist im Restaurant allerdings besser. Neu ist der „Beco" (Gasse), ein Extraraum mit Performances zum Dinner: ein exklusives, sprich teures (100–130 Euro o. Getr.) Vergnügen für alle Sinne. *Tgl. 12–0 Uhr | Rua Nova da Trindade 18 | Tel. 2 15 83 02 90 | bairrodoavillez.pt | Chiado | a–b3*

RESTAURANTE 100 MANEIRAS

Im In-Restaurant im Bairro Alto bringt der bosnische Starkoch Ljubomir Stanisic michelinwürdige portugiesisch-mediterrane Küche auf den Tisch. Kein à la carte, nur Tasting-Menüs *(60 Euro)*. Im nahen Chiado gibt es einen Bistro-Ableger. Wer nicht sparen muss, wählt die Option mit den passenden Weinen pro Gang; tolle Weißweine! *Tgl. | Rua do Teixeira 35 | Tel. 9 10 30 75 75 | 100maneiras.com | Metro (blau) Restauradores | Metro (grün) Rossio | dann Elevador da Glória oder zu Fuß | Rossio | a2*

RESTAURANTS €€

ATIRA-TE AO RIO

Portugiesische Küche mit kreativem Touch. Wenn die Sonne über Lissabon untergeht, ist es hier am schönsten. Das Restaurant heißt auf Deutsch „Stürz dich in den Fluss" und liegt in Cacilhas (Almada), auf der anderen Seite des Tejo. Von den Loungesesseln der Terrasse aus lässt sich der Blick auf Lissabon auch nachmittags bestens genießen. Zu voll? Vielleicht hat das Nachbarrestaurant *Ponto Final* mit etwas traditionellerem Menü noch ein Plätzchen frei. *Di–Do 12–16, Fr/Sa 12–23, So 12–17 Uhr | Cais do Ginjal 67–70 | Tel. 2 12 75 13 80 | atirateaorio.pt | Fähre ab Cais do Sodré bis Cacilhas | dann ca. 15 Min. zu Fuß rechts am Kai entlang | Olho de Boi | O*

FRENCH ARTH

Also, wenn die große Passion der Franzosen für Lissabon solche Resultate hervorbringt: nach dem Stöbern in Antiquitäten und Delikatessen in der Parlamentsstraße ein leichtes Mittag- oder Abendessen chez Arthur, c'est super! Mit französischem Flair dekoriert, aufmerksamer Service: Das kleine Restaurant wird auch von Lissabonnern geschätzt. Entrecôte, Burger, im Sommer vielleicht ein erfrischender Wassermelonen-Salat mit Feta, dazu ein Glas Wein ... *Tgl. 9–24 Uhr | Rua de São Bento 30 | Tel. 2 13 90 18 88 | facebook: French Arth | Eléctrico 28E Poiais de São Bento, Eléctrico 25E oder Bus 714 Conde Barão | São Bento | K9*

INFÂME

Der Geheimtipp fürs Preis-Leistungsverhältnis am Hipster-Platz Intendente. Ambiente: elegant, hohe Fenster, fein ausgeleuchtet. Karte: modern portugiesisch mit asiatischen Einflüssen. Gerichte: wunderschön präsentiert. Kreatives Dessert: Matcha-Grüntee- und Litschi-Eis. Service: sympathisch. *So–Do 12–15 und 19–22.30, Fr/Sa bis 23 Uhr | Largo do Intendente/Pino Manique 6 | Tel. 2 18 80 40 00 | 1908lisboahotel.com | Metro (grün) Intendente | Graça | N8*

JESUS É GOÊS

Kleines, junges, fröhlich in Gelb dekoriertes Lokal mit Gerichten aus der ehemaligen portugiesischen Kolonie

Kein Grund, sich in den Fluss zu stürzen: Atira-te ao Rio

Scannen & Auswählen
LIS-17-036

Goa. Der Chef würzt scharf! Reservieren. *Di–So 12–15, 19–23 Uhr | Rua de São José 23 | Tel. 2 11 54 58 12 | facebook: Jesus é Goês | Metro (blau) Avenida/Restauradores | Anjos | M8*

KAMPAI

Sushi meets Azoren, den portugiesischen Atlantik-Archipel und Heimat der frischesten Fische. Kombinationen von Sushi und Sashimi oder der Tagesfisch: vielleicht eine Rotbrasse *(pargo)* auf Eis? Azoreanischer Wein und Tee runden das Erlebnis ab. *Mi–Mo 12.30–14.30 und 19.30–22.30 Uhr | Calçada da Estrela 35–37 | Tel. 2 13 97 12 14 | kampai.pt | Eléctrico 28E Rua de São Bento, Eléctrico 25E, Bus 714 Conde Barão | São Bento | K9*

O BOTANISTA ★

Der ruhig-coole begrünte „Botaniker" ist der beste Beweis dafür, wie weit veganes Essen in den letzten Jahren gekommen ist, selbst im fisch- und fleischfixierten Lissabon. Die Besitzerin des *Vegan Food Project 26* in Chiado, das portugiesische Klassiker veganisiert, hat sich hier zu kreativen Höhen aufgeschwungen. Lieblingsgericht der Autorin: die schwarzen Spaghetti (Aktivkohle!) mit Spargel, Cherrytomaten und getrüffelten Pilzen. Bei gutem Wetter lässt sich der Kaffee dann prima auf der Terrasse von *The Garden-Rooftop* (S. 94) schräg gegenüber einnehmen. *Mo–Sa 12–24 Uhr | Rua Dom Luís I 19 | facebook: O Botanista | Metro (grün) Cais do Sodré | Bairro Alto | L10*

OS GAZETEIROS

Kreative, französisch inspirierte frische Bioküche ohne feste Speisekarte: vier Hauptgerichte, zwei Nachspeisen für 28 Euro; auch Vegetarisches. Dazu

Alte Apotheke: Fürs Essen im „Pharmácia" braucht man kein Rezept

Bioweine. *Di–Mi 19–22, Do–Sa 12–14 und 19.30 Uhr bis open end | Rua das Escolas Gerais 114/6 | Tel. 2 18 86 03 99 | osgazeteiros.pt | Eléctrico 28 Escola Gerais | Alfama | f2–3*

PHARMÁCIA ★

Wenn die Chefköchin Felicidade (Glück) heißt, ist das ein gutes Zeichen. Das Restaurant im Gebäude des Apothekenmuseums ist in Pharmazie-Optik eingerichtet und serviert ungewöhnliche Tapas, Cocktails und ein Überraschungsmenü. Hübsche, von Heilpflanzen gesäumte Terrasse mit Blick auf den *Miradouro de Santa Catarina. Tgl. 12–1 Uhr | Rua Mar. Saldanha 1 | facebook: Chef Felicidade – Pharmacia | Tel. 2 13 46 21 46 | Metro (blau, grün) Baixa-Chiado | Bairro Alto | L9*

RAMIRO

Das Ambiente mag vielleicht nicht besonders cosy sein, aber vor diesem „Meeresfrüchte-Tempel" drängelt sich aus gutem Grund schon früh die Seafoodfraktion. *Di–So 12–0.30 Uhr | Av. Almirante Reis 1H | Tel. 2 18 85 10 24 | cervejariaramiro.pt | Metro (grün) Intendente | Graça | N8*

TASCA KOME

Edel, gemütlich, authentisch und voller japanischer Gäste ist dieser Japaner, mit der typischen visuellen Perfektion und Spezialitäten aus Osaka. Sake-Cocktails, Sushi, gefüllte Auberginen, Salate, Miso-Suppen, Matchakuchen! *Di–Sa 12–15, 19–22.30 Uhr | Rua Madalena 57 | Tel. 2 11 34 01 17 | kome-lisboa.com | Metro (blau) Terreiro do Paço | Baixa | d4*

RESTAURANTS €

ASSOCIAÇÃO CABO VERDEANA

INSIDER-TIPP **Grooven mit Bohnen**

Der Clou bei dem kapverdischen Verein im 8. Stock ist das Tanz-Mittagessen (Di, Do), wo beim Nationalgericht *Cachupa* (Bohnen-Mais-Fleischeintopf) das Tanzbein geschwungen wird. An den restlichen Werktagen gibt's „normales" Mittagessen. *Mo–Fr 12–15 Uhr | Rua Duque de Palmela 2 | Tel. 2 13 53 19 32 | Metro (blau, gelb) Marquês de Pombal | São Sebastião | L7*

BRUTA FLOR

Originelle Snacks und Suppen. Köstlich sind z.B. Zitronen- und Thymiankuchen, im Winter der hausgemachte Glühwein. Veganes und Vegetarisches, Bioweine, an den Wänden Kunst, ab und zu Livemusik; 18.30–20 Uhr Happy Hour. *Mo, Mi–Fr nur abends, Sa/So ab 10 Uhr | Largo Maria Severa Nr. 7A/B | Zugang über Rua do Capelão hinterm Centro Comercial Mouraria | Tel. 2 10 93 60 99 | Metro (grün) Martim Moniz | Mouraria | d1*

CANTINA CHINESA

Kleines einfaches Restaurant im Chinatown der Mouraria. Alles frisch, die Zutaten liegen im Kühltresen in Tupperboxen ausgestellt – einfach draufdeuten! – und werden sofort verarbeitet: Bambus, Pilze, Lotus, Auberginen *(beringela)*, sehr gut mit Schweinefleisch *(carne de porco)* oder vegetarisch mit Sojasauce, Frühlingszwiebeln und schwarzen Bohnen – mit einem Zehner bist du dabei! Auch die Nudelsuppe ist bereits ein Klassiker. Chinesische Familien essen hier häufig, wobei das Rauchverbot gern ignoriert wird. *Tgl. 10–21 Uhr | Calçada da Mouraria 7 | links an der steilen Straße im Winkel zw. R. do Bemformoso und R. do Cavaleiro | Mouraria | d1*

CANTINHO LUSITANO

Leckere *petiscos* (Kleinigkeiten) und Weine im sympathischen Ein-Raum-Restaurant; besser reservieren! Junge, engagierte Besitzer; nette, gemischte Klientel. *Di–Sa 19–0 Uhr | Rua dos Prazeres 52 | Tel. 2 18 06 51 85 | cantinho lusitano.com | Metro (gelb) Rato | dann 10 Min. zu Fuß | Rato | K9*

CASA DO ALENTEJO

Die „Botschaft" der Region Alentejo (südlich von Lissabon) ist – mit ihrer neomaurischen und Kacheldeko – ein architektonisches Unikum. Hausmannskost in zwei Sälen oben und in der kleinen Tasca mit Innenhof unten. Und So Tanz *(Mitte Sept.–Mai So 15–19 Uhr, Eintritt 5 Euro). Tgl. | Rua Portas de Santo Antão 58 | Tel. 2 13 40 51 40 | casadoalentejo.pt | Metro (blau) Restauradores | Rossio | b1*

CHEMINÉS DO PALÁCIO – KANTINA

Täglich wechselnde Gerichte mit Spezialitäten verschiedener portugiesischer Regionen im dunkelroten Unabhängigkeitspalast: Hier wurde im 17. Jh. die Restauration der Monarchie konspirativ geplant, und auch heute noch unterhalten die wenigen Monarchisten Portugals hier ein Büro. Im Sommer kannst du im hübschen Innenhof sitzen, drinnen speist es sich stilvoll unter zwei Schornsteinen, die an den Nationalpalast in Sintra erinnern: Cheminés do Palácio. *Mo–Sa 12–15 und 19–22 Uhr | Largo de S. Domingos | Tel. 2 13 42 03 91 | Metro (grün) Rossio | Rossio | c1–2*

DAS FLORES

Eine der alteingesessenen gastronomischen Perlen, die dem Hotelbauboom im Viertel widerstehen konnten. Günstiges Mittagessen und ein Spot für portugiesische Klassiker: Oktopus *a lagareiro*, Stockfisch, Schweinefleisch auf alentejanische Art. *Mo–Sa 12–15 und 19–22 Uhr | Rua das Flores | Tel. 2 13 42 88 28 | Metro (blau, grün) Baixa-Chiado | Chiado | a4*

FLORESTA DAS ESCADINHAS

Das Grillrestaurant „Wäldchen an den Stüfchen" in der Baixa serviert nur Mittagstisch, aber mit den besten Sardinen der Stadt! *Di–Sa 12–16 Uhr | Rua de Santa Justa 3 | Tel. 2 18 87 20 52 | Metro (grün) Rossio | Baixa | d3*

FOOD TEMPLE

Kleines, vegetarisch-veganes Restaurant in der Mouraria. Das Essen, stets wechselnde Gerichte, ist günstig, und im Sommer fühlt man sich draußen wie mitten in einem Filmset. Reservierung empfohlen. *Mi–So 19.30–23 Uhr | Beco do Jasmim 18 | von der Rua da Mouraria an der Gitarrenstatue in die Rua do Capelão abbiegen, dann rechts hoch | Tel. 2 18 87 43 97 | facebook: FoodTemple | Metro (grün) M. Moniz | Mouraria | d1*

Rustikale Kachelkunst und Hausmannskost: Casa do Alentejo

JARDIM DA GRAÇA

INSIDER-TIPP
Einfach? Gut!

Einfache Tasca für Einheimische in der zunehmend touristifizierten Graça. Spezialität: *churrascos* vom Grill. Probier den Oktopusreis oder *iscas* (geschmorte Leber)! Die Pommes müssen manchmal nachfrittiert werden. *Mo–Fr 8–16, 18–22 Uhr, Sa nur Mittagessen | Bus 734, Electrico 28E, Largo da Graça* | Graça | 🕮 e1

A LAREIRA

Einen Kamin *(lareira)* gibt's zwar nicht, und auch nur drei Tischchen, dafür aber das, was alle suchen: leckeres, günstiges, authentisch portugiesisches Essen. Besitzer Gracida und José aus dem Norden sprechen kein Englisch, aber notfalls helfen Hände und Füße. Spezialität: *novilho* (Jungbulle). *Di–So 9–0 Uhr | Rua do Paraiso 104 | Tel. 2 18 87 28 67 | Metro (blau) Santa Apolónia* | Alfama | 🕮 O9

MEZZE

Lissabon ist ja wenig tangiert von der Flüchtlingsthematik, aber das von einer syrischen Flüchtlingsfamilie geführte freundliche Restaurant an einer trendigen Markthalle hat richtig eingeschlagen. Gute Auswahl für Vegetarier, nicht zuletzt wegen der spektakulären *baba ghanoush* (geröstete Aubergine). Keine Reservierungen, einfach vorbeigehen, inshallah gibt's einen Platz. *Di–Sa 12.30–15, 19–22.30 Uhr | Mercado de Arroios Metro (grün, rot) Alameda* | Arco do Cego | 🕮 N5

A NOVA POMBALINA

In dieser Sandwichbar mit leckeren, frischen Fruchtsäften verpflegen sich die Locals. Spezialität des Hauses: *sande de leitão*, Spanferkelsandwich. *Mo–Sa 7.30–19 Uhr | Rua do Comércio 2 | Metro (blau) Terreiro do Paço* | Baixa | 🕮 c5

INSIDER-TIPP
So saftig, so gut!

SHOPPEN & STÖBERN

Zauberhaft nostalgische Lädchen, an denen die Zeit völlig spurlos vorüberzugehen scheint: In Lissabon gibt es sie noch. Solche Traditionsgeschäfte erkennt man oft daran, dass Name und Adresse mit schwarzen Pflastersteinen im Gehsteig davor eingelassen sind. Fast immer sind diese Betriebe seit Generationen im Familienbesitz, und die Inhaber sind Meister ihres Metiers. Eile ist hier ein Fremdwort. Selbst wenn es nur um den Kauf eines Knopfes geht, kann das Beratungsgespräch dauern. Ist man sich dann einig, wird die Ware liebevoll und mit Hingabe eingepackt, was auf Portugie-

Einkaufsstraße Rua Augusta in der Baixa

sisch *embrulhar* heißt. Wahre Fundgruben für Fans solch traditionellen Einkaufens sind z. B. die winzigen Kurzwarengeschäfte entlang der *Rua da Conceição* in der Baixa. Tempo, Tempo heißt es dagegen in den großen Shoppingcentern. Die modernen Konsumtempel an der Peripherie haben sich dem Zeitgeist angepasst: Fastfood und *fast forward* ist hier das Motto. Die traditionellen Geschäfte sind in der Woche von 9 bis 19 Uhr geöffnet, zur Mittagszeit (13–14 Uhr) wird häufig geschlossen. Die Shoppingcenter sind dagegen täglich bis mindestens 23 Uhr offen.

WO LISSABON SHOPPT

MARCO POLO HIGHLIGHTS

★ **CENTRO COMERCIAL VASCO DA GAMA**
Shoppingcenter in Avantgardedesign
➤ S. 83

★ **FÁBRICA SANT'ANNA**
Azulejos, auf Wunsch auch nach Maß
➤ S. 84

★ **A VIDA PORTUGUESA**
Topadresse für Nostalgiker und Retrodesign-Fans ➤ S. 85

★ **FEIRA DA LADRA**
Ein Flohmarkt zum Stöbern mit viel Lokalkolorit ➤ S. 85

★ **LX MARKET**
Der Trendmarkt zum Sonntag: Kleidung, Kunsthandwerk und People-Watching!
➤ S. 85

Scannen & Auswählen
LIS-17-040

Centro Comercial Vasco da Gama
Avenida da República
Avenida António Augusto Aguiar
Rua Morais Soares
Arroios
Parque Eduardo VII
São Sebastião da Pedreira
Avenida Almirante Reis
PRÍNCIPE REAL
Coole Concept-Stores, ausgefallen Mode, trendige Accessoires
Rua Braamcamp
Avenida da
Jardim Botânico da Universidade de Lisboa
Avenida
Liberdade
Restauradores
Jardim da Cerca da Graça
Feira da Ladra
Mouraria
Baixa-Chiado
Alfama
Fábrica Sant'Anna (Laden)
A Vida Portuguesa
Avenida Dom Carlos I
Avenida Infate Dom Henrique
Santos-o-Velho
CHIADO
Nobelviertel mit Topmode und der ältesten Buchhandlung der Welt
BAIRRO ALTO
Junges Shopping in hippen Läden: Street- & Sportswear, Design
Rio Tejo
500 m
547 yd

Landestypische Produkte sind Azulejos (Kachelfliesen) und Keramikwaren, Stickereien, Kupfer-, Kork- und Korbarbeiten. Gut als Mitbringsel eignen sich kulinarische Spezialitäten wie Trockenfrüchte, Edelsalz, Honig, Oliven und Wein. Erschwinglich sind auch hochwertige Olivenöle *(azeite)*, die es praktisch an jeder Ecke gibt. Lederwaren sind preiswerter als in Deutschland, ebenso hochwertiger Gold- und Silberschmuck. Shoppaholics können bei den Touristenbüros die sogenannte *Eat & Shop-Card* (6 Euro) erstehen, mit der man in rund 100 Läden Rabatte bekommt sowie mindestens 10 Prozent in 30 teilnehmenden Restaurants (Info: *askmelisboa.com*). Die meisten Antiquitätengeschäfte gibt es in der *Rua Dom Pedro V.* und in der *Rua de S. Bento*.

BUCHHANDLUNGEN & ANTIQUARIATE

Zwischen der *Rua do Carmo* und der *Rua Nova do Almada* sowie im *Bairro Alto* konzentrieren sich die Buchhandlungen, im Shoppingcenter *Armazéns do Chiado* ist auch das Buch-, Musik- und Elektronikkaufhaus FNAC vertreten.

WOHIN ZUERST?

Die meisten Läden findest du in der Unterstadt **Baixa** *(🕮 M-N 9-10)* (Schuhläden!), im schicken **Chiado** *(🕮 M9-10)*, an der **Avenida da Liberdade** und der **Avenida de Roma**. Im **Bairro Alto** (Oberstadt) *(🕮 L9)* gibt es viele Läden mit flippiger Mode, Musik und schrägen Wohnaccessoires – geöffnet häufig erst ab 11, 12 Uhr, dafür oft bis spätnachts.

FÁBULA URBIS ☂

Portugiesische Kochbücher, Reiseberichte, Gedichtsammlungen, Romane – und das alles auch auf Deutsch! Topsortierter Laden und Kulturoase mit Büchern zu Lissabon und Portugal, plus kompetente Beratung. Im Obergeschoss gibt's Ausstellungen und manchmal Gratiskonzerte und Lesungen. Achtung begrenzte Öffnungszeiten! *Do–Sa 11–13.30 und 15–20 Uhr | Rua de Augusto Rosa 27 | fabula-urbis.pt | Bus 37 | Eléctrico 12, 28 Limoeiro | Alfama | 🕮 e4*

EINKAUFSZENTREN

AMOREIRAS SHOPPING CENTER ☂

Die Lissabonner lieben es, zwischen den rund 300 Läden mit Restaurants und Kinos im postmodernen 1980er-Jahre-Hochhauskomplex zu flanieren, gern und mit Vorliebe auch sonntags. Die Miradouro-Rooftop-Aussichtsplattform *(5 Euro | amoreiras360view.com)* bietet einen echten Rundumblick: toll für den Sonnenuntergang! Und vielleicht seht ihr ja auch Superstar Madonna beim Lycée Français gegenüber eins ihrer Kinder abholen. *Tgl. 10–23 Uhr | Av. Engenheiro Duarte Pacheco | Metro (gelb) Marquês de Pombal, Rato (von beiden Stationen noch eine gute Strecke zu Fuß) | Bus 711 Amoreiras | Amoreiras | 🕮 J7*

CENTRO COMERCIAL COLOMBO ☂

Eins der größten Einkaufszentren Europas! Geschäfte, Restaurants, Kinos, Bowling: alles hat seinen (hohen) Preis. Nur der Garten kostet nichts. *Tgl. 9–24 Uhr | colombo.pt | Metro (blau) Colégio Militar/Luz | Benfica | ◫ O*

CENTRO COMERCIAL VASCO DA GAMA ★ ☂

Wenn schon Mall, dann die! Die moderne Shoppingmall in avantgardistischem Design und mit viel natürlichem Licht liegt am Parque das Nações. Gute Klamottenläden (auch einige wenige portugiesische Marken, etwa im *Ericeira*-Surfshop), Supermarkt, Terrassenbars mit Flussblick, Kinos. Man dankt für den Pilotservice, Powerbanks zur Verfügung zu stellen – einfach am Infoschalter fragen! *Tgl. 9–24 Uhr | centrovascodagama.pt | Metro (rot) Oriente | Parque das Nações | ◫ R–S2*

INSIDER-TIPP
Power für dein Smartphone

Lichtdurchfluteter Shoppingtempel: Centro Comercial Vasco da Gama

KUNSTHANDWERK & SOUVENIRS

APAIXONARTE

Der imposante lila Acrylhund am Eingang gibt den Ton vor: im „Verliebt-in-Kunst"-Laden gibt's urbanes Kunsthandwerk, eine Superauswahl cooler Drucke, Azulejos mit surrealen Motiven – z. B. Totenköpfe, kombiniert mit Sardinen –, geometrische Filztaschen, Notizbücher. Dazu Ausstellungen aktueller portugiesischer Künstler, jeden Monat was Neues. Und Besitzerin Claudia erzählt gern ein bisschen über die Gegend und die aktuelle Szene. *Mo–Fr 12–19.30, Sa 11–18.30 Uhr | Rua Poiais de São Bento 57–59 | apaixonarte.com | Eléctrico 28 Rua Poiais de São Bento | Metro (grün) Cais do Sodré | São Bento | ◫ K9*

CORK & CO

Das portugiesische Vorzeigematerial Kork *(cortiça)* ist nicht nur im wahrsten Sinne des Wortes leicht zu transportieren und öko, in den richtigen Händen entstehen daraus auch coole Designobjekte: Originelles und Nützliches wie ein Kubus für Salz oder Tischsets,

Taschen, Schmuck u. v. m. *Mo–Mi 11–20, Do–Sa 11–22, So 17–20 Uhr | Rua das Salgadeiras 10 | corkandcompany.pt | Metro (blau, grün) Baixa-Chiado | Chiado | a3–4*

EPAL

Das Lissabonner Leitungswasser ist sorglos trinkbar, im Automaten im Foyer des Wasserversorgers der Stadt gibt's die passende Flasche: Die „Fill-Forever-Flasche" in sieben Farben und schönem Design, für den Preis (1,50 Euro) das ideale Mitbringsel für die Ökofraktion daheim. *Mo–Fr 8.30–19.30 Uhr | Av. da Liberdade 24 | epal.pt | Metro (blau) Avenida | Anjos | M8*

INSIDER-TIPP
Nachhaltig trinken

GALERIA BELO-GALSTERER

In dieser sympathischen portugiesisch-deutsch geführten Galerie fühlst du den Puls der aktuellen Kunstszene. Mit ihren international gefragten Künstlern, vor allem aus Portugal und dem deutschsprachigen Raum, zusammen mit Künstlern aus Afrika und Australien, findet man hier (fast alles): von der traditionellen Graphitzeichnung und Schwarz-Weiß-Fotografie bis zu Avantgarde-Keramik und Installationen. Am besten vorher kurz durchrufen; wenn die perfekt zweisprachige Besitzerin und Kuratorin Alda Galsterer da ist, erzählt sie auch gern von ihrem anderen Herzensprojekt, dem coolen Kulturzentrum *Carpintarias de São Lázaro* in der Mouraria. *Di–Sa 14–19 Uhr | Rua Castilho 71 | belogalsterer.com | Metro (blau) Marquês de Pombal | Rato | L8*

A LOJA DA CERÂMICA

Oh là là, Alentejo! In diesem hellen, bunten Raum in der trendigsten Straße der Mouraria verkauft die französische Fotografin Gabrielle de St. Venant ihre große Leidenschaft: Keramik aus dem Alentejo, Portugals größter, doch am dünnsten besiedelter Region mit starken Traditionen. Wie wär's mit einer bunt gesprenkelten Müslischüssel oder einem gestreiften Becher? Eigene Designs – die „Limonaden"-Serie macht gute Laune – und faire Preise! Keine Sorge mit dem Rücktransport: die Einkäufe einfach fest in die Dreckwäsche einwickeln. *Mo–Sa 11–14 und 15–19.30 Uhr | Rua de São Cristóvão 7 (gegenüber der Kirche) | facebook: Aloja Lisboa | Metro (grün) Rossio | Mouraria | d3*

RENOVA

Sexiest WC on Earth: Wer einen Euro rüberschiebt, erkauft sich einen stilvollen Klobesuch mit freier Farbwahl beim Toilettenpapier; die bunten (v. a. schwarzen!) Klorollen der portugiesischen Firma Renova sind ein Designhit. Keine Sorge, das Erforschen des Ladens ist gratis. Supermitbringsel sind die Servietten mit Lissabon-Motiven. *Tgl. 9–21 Uhr | Terreiro do Paço/in den Arkaden der Praça do Comércio | myrenova.com | Metro (blau) Terreiro do Paço | Baixa | d5*

INSIDER-TIPP
Stilles Örtchen zum Shoppen

FÁBRICA SANT'ANNA ★

Eine der ältesten Keramik- und Azulejomanufakturen der Stadt. Laden: *Rua do Alecrim 95 (a4) | Metro (blau,*

Im Schnäppchenfieber – doch auch auf dem „Markt der Diebin" hat die Ware ihren Preis

grün) Baixa-Chiado | Chiado. In der Fabrik kannst du bei der Herstellung zuschauen: *Mo–Fr 10–12.30, 14–18 Uhr* | *Calçada da Boa-Hora 96 (E11)* | *Tel. 2 13 63 82 92* | *santanna.com.pt* | *Bus 732 Boa-Hora* | *Santo Amaro*

A VIDA PORTUGUESA ★

Für alle, die gerne stöbern: Die Läden des „Portugiesischen Lebens" bieten ein kunterbuntes Sortiment traditioneller Haushaltswaren, außerdem Schreibwaren, Kosmetik und Lebensmittel: Olivenöl-Probiersets, Portweinschokolade, Tee von den Azoren, Medronho-Erdbeerbaum-Essig, Flor de Sal etc. Alles ist *made in Portugal*. Das Mutterhaus ist im Chiado, eine Filiale am hippen Intendente-Platz *(N8)*, eine weitere, v. a. mit Haushaltswaren in der Rua Ivens 2 *(b4)*. *Mo–Sa 10–20, So 11–20 Uhr* | *Rua Anchieta 11* | *avidaportuguesa.com* | *Metro (blau, grün) Baixa-Chiado* | *b4*

MÄRKTE

FEIRA DA LADRA ★

Dienstags und samstags (9–16 Uhr) findet auf dem *Campo de Santa Clara* links hinter der Kirche *São Vicente* die *Feira da Ladra*, der „Markt der Diebin", statt. Er wird so genannt, weil hier einst Diebesbeute verhökert wurde. Heute ist es ein normaler Flohmarkt mit vielen Dingen, die sonst auf dem Sperrmüll gelandet wären. Mach dir aber besser nicht zu große Hoffnungen: Die Berufshändler kennen die Preise genau! Immer mehr coole Gastronomie siedelt sich rundherum an: ein Milchkaffee im Jardim de Santa Clara ist entspannend, es gibt frische Focaccias u. v. m. *Eléctrico 28 Voz Operário* | *Alfama* | *O8–9*

LX MARKET ★

Hier shoppen die Hipster: viel Schmuck, Klamotten aus erster und zweiter Hand, urbanes Kunsthandwerk u.v.m., drinnen und/oder draußen. Der Sonntagsmarkt ist die ideale Gelegenheit, die ganze Bandbreite der *LX Factory* (s. S. ??) zu erleben, sich ein Lissabonner Design-Unikat zu besorgen und *People Watching* zu betreiben. *So 10–18 Uhr | Rua Rodrigues de Fária 103 | LX Factory | lxmarket.com | Eléctrico 15 Calvário | Bus 714 Calvário | Alcântara | G10*

MERCADO CAMPO DE OURIQUE

Beliebt, belebt und bestens sortiert: vor allem Obst, Gemüse, Fleisch und Fisch in restauriertem Art-déco-Ambiente der 1930er-Jahre. In der *pastelaria* an der Ecke *(Rua Coelho da Rocha 99)* wird der clever vermarktete „beste Schokoladenkuchen der Welt" hergestellt, mit Bitter- oder Milchschokolade. Schön mit einem Besuch der *Casa Fernando Pessoa* (s. S. ??) zu verbinden. *So–Do 10–23, Fr/Sa 10–1 Uhr | Rua Coelho da Rocha | Eléctrico 25, 28 Rua Saraiva Carvalho | Bus 709 Rua Saraiva Carvalho | Campo de Ourique | H–J8*

TIME OUT MERCADO DA RIBEIRA ☂

In der großen überkuppelten, restaurierten Markthalle aus dem Jahr 1902 wird nach dem Rebranding durch das hiesige Stadtmagazin der Obst- und Gemüseverkauf von „Abordnungen" verschiedener (Top-)Restaurants flankiert. Die Lissabonner lieben es, sich an den langen Tischen durch ihre hippe Gastroszene zu probieren; ein guter Anlaufpunkt mit wechselnden Tagesgerichten ist Marlene Vieiras Stand. Ach ja: Lebensmittel, Konserven, Marmeladen, Schokokuchen und Co. können auch zum Mitnehmen ge-

Angesagter Hotspot für den kleinen Hunger: Time Out Mercado da Ribeira kauft werden. Der Laden *Toranja* hat Lissabon-thematische Souvenirs wie Nuno Mertinhos Taschen und Postkarten in knallbunter Grafik. Ruhiger sitzt man draußen. Der Markt wird langsam zu einem allumfassenden Konzept ausgeweitet, inklusive dem Club *Rive Rouge (rive-rouge.com)*, der versucht, die nachteuligen Lissabonner zum After-Work-Tanzen zu animieren. Bei Workshops und Show-Cooking kommt man schnell in Kontakt mit Einheimischen. *So–Mi 10–0, Do–Sa 10–2 Uhr, Frischemarkt Mo–Sa 6–14 Uhr | Av. 24 de Julho | timeout.com | Metro (grün) Cais do Sodré | Santa Catarina | L10*

MODE & ACCESSOIRES

Haupteinkaufsviertel sind *Baixa* und das schickere *Chiado*, jetzt auch *Príncipe Real* mit seinen Concept Stores. Internationale Designer haben sich vor allem in der *Avenida da Liberdade* angesiedelt, Club- und Streetwear findet ihr im *Bairro Alto*. Alles über portugiesische Topdesigner: *modalisboa.pt*

CASA PAU BRASIL

Der Tropenflash trifft einen gleich am Eingang des umgebauten Stadtpalasts: Kaffeesäcke, bunte Vögel und eine strahlend freundliche Begrüßung. Das brasilianische „Brasilholz" Concept Store zeigt mit 20 Marken das Beste aus der dynamischen (seit 1822 unabhängigen) ehemaligen portugiesischen Kolonie: bunten Bio-Schmuck aus Pflanzen und Beeren, Bio-Cachaça für die Öko-Caipirinha, wunderschön präsentierte brasilianische Kosmetik – und Brasil-Bikinis. Letztere sind vielleicht nicht für jedefrau: Pssst, der Bikinishop gegenüber *(Papua Market)* verkauft Teile für europäischere Bodies und Befindlichkeiten. *Mo–Sa 12–20, So 12–18 Uhr | Rua da Escola Politécnica 42 | Metro (gelb) Rato | Rato | L8*

A FÁBRICA DOS CHAPEUS

Gut behütet durch die Stadt mit diesen handgemachten Modellen *Made in Lisbon*: traditionelle Schirmkäppis, breitkrempige Strohhüte, knautschbare Baumwollmodelle, Turban- und Wickeltücher und vieles mehr. Hutmuffel finden in der Straße viele andere originelle Shops. *Mo–Do 11–20.30, Fr/Sa 11.30–21 Uhr | Rua da Rosa 118 | afabricadoschapeus.com | Metro (blau, grün) Baixa-Chiado | Bairro Alto | L9*

FLY LONDON

Fly Londons komfortable Keilabsatz-Schuhe, die internationale Erfolge feiern, eignen sich hervorragend für das stilvolle Treten der rutschigen Lissabonner Pflastersteine, die schon viele Pfennigabsätze gekillt haben. Flagship-Store. *Av. da Liberdade 230 | flylondon.com | Metro (blau) Avenida | Anjos | L8*

LOJA DA BUREL

Der alte Filz? Nicht hier! Unwiderstehliche Teile aus dichtem Burel-Wollfilz, knallbunte Tops mit originellem Schnitt, mummelige Jacken, Rucksäcke mit schnuffeligen integrierten Kapuzen und Taschen, hergestellt hinter den portugiesischen Bergen. Nicht billig, aber was fürs Leben. Ausgefallene essbare Mitbringsel – wie wär's mit Brennesselpesto oder Apfel-Ingwer-Vinaigrette in witzigen Tuben? *Tgl. 10–20 Uhr | Rua Serpa Pinto 15B | burelfactory.com | Metro (blau, grün) Baixa-Chiado | Chiado | b4*

LUVARIA ULÍSSES

In diesen Liliputladen musst du mal reinschauen! Die Handschuhe aus buntem Leder kosten nur halb so viel wie die von Roeckl & Co.; man sieht ihnen schon an, wie weich sie sind. *Rua do Carmo 87 | luvariaulisses.com | Metro (grün) Rossio | Chiado | b3*

STORYTAILORS

In dem kleinen, feinen Laden regieren die Asymmetrie und der Kontrast – da toppt ein simples weißes T-Shirt einen ausladenden Tüllrock, laufen Reissverschlüsse in alle Richtungen, erzählt die Mode Geschichten. *Di–Sa 11–19 Uhr | Calçada do Ferragial 8 | storytailors.pt | Metro (blau, grün) Baixa-Chiado | Chiado | b5*

SCHMUCK

ALTMANN-ZUZARTE

Roland Altmann macht Schmuck. Vieles fertigt er aus Bernstein, aber auch Ringe aus original portugiesischem Opal, Quartz und aus Dinosaurierknochen! 155 Mio. Jahre alt, aus der Gegend um Peniche. Jurassic Park am Finger mit wunderschöner Maserung: der absolute Hingucker (ca. 100 Euro). *Di–Fr 14–19, Sa 10.30–13 Uhr | Rua Senhora do Monte 1d | altmann-zuzarte.com | Metro (grün) Martim Moniz | Graça | N8*

LINHA AÉREA

Fundgrube für stilbewusste Accessoires-Junkies mit schmalem Geldbeutel: ausgefallener Modeschmuck, Retrosonnenbrillen, Haarspangen aus den 1940er-Jahren, Zehenringe und Piercings ... *Eckladen direkt hinter dem Rossio/Rua do Carmo, Ecke Rua 1° Dezembro 3 | Metro (grün) Rossio | Rossio | b2*

WEIN & OLIVENÖL

CARINHO DO VINHO

Die „Liebe zum Wein" wird in dieser cosy Weinstube im In-Viertel Príncipe Real durch ein sympathisches Team zelebriert: Weinexperte Phillip aus Irland und Ina aus Solingen, die tolle *petiscos* zaubert! Do–Sa volles Dinnerprogramm. Mittwochs trifft sich hier eine Meet-up-Gruppe zum gepflegten Gedankenaustausch (auf Englisch). *Mo–Mi 9–19, Do/Fr 9–23, Sa 9–13, 18–23 Uhr | carinhodovinho.com | Bus 758 Rua Escola Politécnica | Príncipe Real | K9*

INSIDER-TIPP
Mittwochs-meetings

NAPOLEÃO

Ein Klassiker unter den vielen Weinläden der Baixa mit freundlichem, mehrsprachigem und hochinformiertem Service. Man kann einfach reinschneien, um ein Gläschen zu probieren – und bekommt Antworten auf Fragen wie: Was ist das Grüne am Vinho Verde? André an der Kasse spricht sogar ein bisschen Deutsch. Gute Auswahl an kleineren Probiergrößen gängiger Tropfen. Unter euren

Füßen sind die Überreste einer römischen Fischsaucenproduktion aus dem 5. Jh. zu sehen. *Mo–Sa 9.30–20, So 15–19 Uhr | Rua Fanqueiros 70 | napoleao.co.pt | Metro (blau, grün) Baixa-Chiado | Baixa | d4*

PORTOLOGIA

Früher war hier mal eine Wursthandlung, heute warten 200 Portweine kleiner Produzenten in diesem kuscheligen Baixa-Laden drauf, zur Probe aufgefordert zu werden. Ob Ruby, Tawny oder Weiß, ob Basic-Tasting oder richtig teure Stöffchen, den Port-Sommeliers Gustavo und Filipe merkt man die Leidenschaft für die Sache an. Und wer mal einen 40-jährigen Götternektar aus dem Douro-Tal geschlürft hat, weiß, was flüssiges Glück bedeutet.

INSIDER-TIPP
Im Doppelpack: Portwein und Fado

Donnerstagabends lockt eine Klasse-Kombi: Fado inkl. einem gepflegten Glas Portwein für nur 10 Euro! Nur bitte nicht mit Rucksack an die Regale stoßen: Hier stehen 500-Euro-Flaschen prekär nah am Rand ... *Tgl. 11–24 Uhr | Rua de São Julião 34 | portologia.com | Tram 28E, Metro (blau, grün) Baixa-Chiado | Baixa | d4*

OLISTORI

Ein Tempel für edles portugiesisches Olivenöl aus allen Ecken des Landes. Die informative Gratisverkostung hilft bei der Auswahl. Und noch besser: Gratislieferung in die Unterkunft! Leicht zu transportieren sind die Minisets. Unwiderstehlich: die Oliven im Schokomantel. Besitzer Thierry spricht auch etwas Deutsch, aber seine portugiesisch-französische Ehefrau Isabelle nimmt sich (auch auf Englisch) mehr Zeit. *Mo–Sa 10.30–20 Uhr, in der Saison auch So | Rua da Madalena 137 | Facebook| Metro (blau, grün) Baixa-Chiado, dann Elevador do Castelo | Baixa | d3*

Traditionsgeschäft: In der Luvaria Ulísses gibt's Handschuhe nach Maß

Scannen & Auswählen
LIS-17-044

AUSGEHEN & FEIERN

Lissabon hat Auswahl: gemütliche Fadolokale, Livemusikbars mit afrikanischen oder brasilianischen Rhythmen, plüschige Pubs, schicke Nachtclubs und Diskotheken.

Im Ausgehviertel *Bairro Alto* geht die Party frühestens gegen 21.30 Uhr los. Man zieht von Bar zu Bar, trifft alte Freunde und lernt neue kennen. Zur Trendmeile ab 2 Uhr hat sich der untere Nachbar- und Hafenbezirk *Cais do Sodré* entwickelt. Die Action zentriert sich um die „rosa Straße" – mit pink gestrichenem Boden! – *Rua Nova de Carvalho*, mit originellen Restaurants. Auch um den *Largo São Paulo*

Rooftop-Bar im Bairro Alto

gibt es immer mehr Angebote. Reißenden Absatz haben die Snacks der *Padaria de São Roque* (Bäckerei) in der *Rua da Rosa 186,* die gegen 1 Uhr mit der Arbeit beginnt. Bald startet dann der Exodus runter zum *Cais do Sodré,* Richtung Bahnhof Santa Apolónia zum klassischen Szenetreffpunkt *Lux,* zur *Avenida 24 Julho* oder den *Docas (Doca de Santo Amaro* und *Doca de Alcântara),* eine touristische, auch tagsüber beliebte Open-Air-Restaurant- und Barmeile am Tejo. Zwischen den Hotspots verkehren an Wochenenden und vor Feiertagen nachts Gratis-Shuttlebusse (Night Bus).

WO LISSABON AUSGEHT

Scannen & Auswählen
LIS-17-046

MARCO POLO HIGHLIGHTS

★ **LUX**
Unbestritten der Szenetreffpunkt Nummer eins ➤ S. 97

★ **MESA DE FRADES**
Fado zwischen Azulejos, vom Boden bis zur Decke ➤ S. 98

★ **MUSICBOX**
Konzerte von Avantgarde bis Mainstream ➤ S. 101

★ **B.LEZA**
Kreolische Klänge und Sympathie ➤ S. 97

★ **THE GARDEN ROOFTOP**
Angesagte saisonale Terrassenbar im Designviertel ➤ S. 94

Große Rock- und Popkonzerte und Opern gibt es im *Coliseu (Rua das Portas de Santo Antão 96 | coliseulisboa.com)* und in der *Altice-Arena (arena.altice.pt)* im Parque das Nações. Einen Veranstaltungsüberblick bieten das Heftchen *Follow me* und die (portugiesische) *Agenda LX* und ihre Online-Versionen. Karten für Events bekommst du am *ABEP*-Kiosk am Restauradores, bei *Fnac* im Chiado-Einkaufszentrum und online: *ticketline.pt*.

BARS

BICAENSE

Besonders Lissabons junge Kunstszene hängt gern in dieser kleinen Bar mit Clubtouch ab, die an den Schienen des *Elevador da Bica* liegt. Ab und zu gibt's Konzerte und Ausstellungen, mittwochs meist Jazzsessions. *Di–Sa 19–2 Uhr | Rua Bica Duarte Belo 42 | Eléctrico 28 Calhariz (Bica) | Metro (blau, grün) Baixa-Chiado | Bairro Alto | 🕮 L9*

WOHIN ZUERST?

Klassisches Ausgehviertel ist das **Bairro Alto** *(🕮 L9)*. Später in der Nacht verlagert sich das Geschehen zum **Cais do Sodré** *(🕮 L–M10)* am Tejo und westlich an die **Docas** (Hafenbecken) **de Alcântara** und **de Santo Amaro**. Der Stadtteil **Santos** *(🕮 K9–10)*, rund um die Avenida D. Carlos I., ist ein U18-Kiez mit günstigeren Restaurants, Bars und Clubs.

CASA INDEPENDENTE

Wo sich noch vor zehn Jahren Dealer und Prostituierte gute Nacht sagten, ist das Café-Bar-Kultur-Zentrum das beste Beispiel für die gelungene Sanierung des *Largo do Intendente*. Diskreter Eingang, die Treppe hoch geht's zu *alternative vibes*. Die Innenterrasse ist pflanzenumringt. Hausgemachte Säfte. Nachbarn sind das nette Caférestaurant *Josefina*, eine Installation der Pop-Art-Künstlerin Joana Vasconcelos, wo sich die alte Garde des Platzes ein Plätzchen sucht, und die historische Azulejo-Fabrik *Viúva Lamego* mit fotogener Fassade. *Di–Fr 14–23, Sa 14–2 Uhr | Largo do Intendente 45 | casaindependente.com | Metro (grün) Intendente | Graça | 🕮 N8*

CLUBE FERROVIÁRIO

Blick über den Tejo, mit einem Hauch Containercharme des östlichen Stadtgebiets – und das ist gar nicht negativ gemeint! *Rua de Santa Apolónio 59 | clubeferroviario.pt | Metro (blau) Santa Apolónia | Santa Apolónia | 🕮 P8*

DAMAS

Der coolste Alternativ-Ort im Graça-Viertel: Restaurant, Konzerte und Events. Nix für Nichtraucher! Rua da Voz do Operário 60 | *facebook: Damas Lisbon | Eléctrico 28, Bus 734, Voz do Operário | Graça | 🕮 N8*

THE GARDEN ROOFTOP ★

Von unten sieht man schon die Palmbast-Sonnenschirme, und zum Glück kommen nicht nur die Harten in diesen Garten: wie eine schlanke Kommandobrücke ragt Lissabons zzt. angesagteste Rooftop-Terrasse im Santos-Designviertel im 7. Stock Richtung Tejo. Für den Trendfaktor und die „Wow"-Ausblicke sind die Cocktailpreise fair, die Stimmung ist bestens. Als Snacks gibt's Bowls (Port. *taças*) und Tacos. Von oben schaut man auf ein ausgebranntes Lagerhaus – very Lissabon! Achtung Milchkaffee-Fans: Die Milch müsst ihr euch selbst mitbringen! *Tgl. 12–2 Uhr, im Winter geschl. | Rua do Instituto Industrial 7 | facebook: The Garden | Metro (grün) Cais do Sodré | Santa Catarina | L10*

INSIDER-TIPP
Aperitivo auf der Kommandobrücke

GRAÇA DO VINHO

Kuschelige Nachbarschafts-Weinbar mit hohem Locals-Faktor, die man leicht übersehen kann beim Sprint hoch zu den Miradouros. Die Weine sind „schlent" (so spricht der Portugiese *excelente* aus). Zum Wein der Woche für 2,50 Euro passt ein duftender Käse von der Theke – probier mal den aromatischen Azeitão, bei dem man den Deckel absägt und den weichen Inhalt auslöffelt. Auch Salate – alles schön präsentiert. *Mo–Fr 11–0, Sa 11–0.30 Uhr | Calçada da Graça 10 A/B | Tel. 2 10 11 80 41 | facebook: GraçadoVinhoLx | Eléctrico 28 Largo da Graça | Bus 734 Largo da Graça | Graça | e–f2*

LX BREWERY

In der untouristischen Mikrobrauerei probierst du dich durch die neuesten Bierkreationen, von Rye Ale bis zu Schokoladenbier. Fünf 0,1-l-Bierchen für 5 Euro, da kann man nicht meckern, und bei den bunten Flaschenetiketten mit Lissabonner Sehenswürdigkeiten trinkt das Auge mit. Snacks, Tischfußball, Sportübertragungen. Den *Beer Walk* zu den Biertempeln der Stadt (40 gut angelegte Euro) könnte man als Bildungsurlaub angeben, und bei den *Beer Dinners* lernst du ganz easy neue Leute kennen. *Mo–Fr 9–19, Sa 10–01 Uhr | Rua Funchal 5/Rua Ilha Terceira 42D | lxbeer.com | Metro (gelb, rot) Saldanha (Ausgang Arco do Cego am nächsten, paar Minuten zu Fuß) | Estefânia | M5–6*

Open Air mit Hafenflair: Clube Ferroviário

SOCIETY

An Schwulenbars ist ja kein Mangel im Bairro Alto und Príncipe Real, Lesben hatten bis jetzt jedoch wenig Auswahl. Seit 2018 füllt das *Society* diese

Lücke, mit wechselndem queer-orientiertem Programm, brasilianischen Nächten, Indie, Dance und 90er-Jahre-Sounds. *Di–Do 22–2, Fr/Sa 22–3 Uhr | Rua Cecílio de Sousa 72 | facebook: Society Lisboa | Bus 758 R. Escola Politécnica | Príncipe Real | L8*

TABACARIA

In der kleinen, holzgetäfelten Bar in einem ehemaligen Tabakladen (mit der alten Deko!) und dem netten Personal fühlt man sich gleich zu Hause. *So–Do 18–02, Fr/Sa 18–03 Uhr | Rua de S. Paulo 75–77 | Metro (grün) Cais do Sodré | Santa Catarina | L10*

TEATRO DA GARAGEM (TABORDA)

Ohje, das ist einer dieser Geheimtipps, die man nur ungern preisgibt: Die gemütliche Bar im Theater *Taborda* ist nie überfüllt und perfekt für einen romantischen Aperitivo: mit Tischen aus alten Holztüren, beschirmt von einer Lampengalerie, und mit fabulöser Panoramasicht. Snacks, Salate, Kuchen. *Di–Fr 17–24, Sa/So 15–24 Uhr | Rua da Costa do Castelo 75 | teatrodagaragem.com | Eléctrico 12, 28 | Mouraria | e2*

INSIDER-TIPP
Geheimtreff für Theaterfreunde

ULYSSES

Wie passen nur all diese Cocktails in diese Winzbar rein? Kuscheliges Speakeasy in der Alfama zum Vorglühen oder stilvollen Absacken. *Mo–Sa 20–02 Uhr | Rua da Regeira 16A | facebook: Ulysses Lisbon | Metro (blau) Santa Apolónia | Santa Apolónia | f3*

CLUBS

Die beste Infoquelle für Clubber ist *viralagenda.com*.

Wenn's mit dem Türsteher klappt: Feiern im Lux, dem angesagtesten Club der Stadt

B.LEZA ★

In dem pinkfarbenen Gebäude am Fluss trifft sich die afrikanische Community zu Kizomba, Zouk & Co., Livemusik und DJs; Damen werden unkompliziert aufgefordert. Das Rauchverbot wird lax gehandhabt. So 18 Uhr Workshop Kizomba/Tarraxinha (5 Euro), ab 20 Uhr Livemusik. *Do–Sa 22.30–4, So 18–4 Uhr | 10 Euro Verzehr | Cais Gás 1 (Armazém B), Ecke Rua da Cintura do Porto de Lisboa | facebook: BlezaClube | Metro (grün) Cais do Sodré | Santa Catarina | L10*

LUX ★

Der coolste Club der Stadt behauptet auch nach 20 Jahren noch seine Stellung als Szenetreff Nummer eins. Mitbesitzer ist Schauspieler John Malkovich. In der Lounge im 1. Stock ist unterhalten gerade noch möglich, im Untergeschoss: mindestens 120 *beats per minute*. Sahnehäubchen ist die riesige Dachterrasse mit Blick über Altstadt und Tejo. Konzerte neuester Dancefloor-Bands donnerstags, wo man der nervigen Wochenend-Gesichtskontrolle entgeht (auch Mo). Am Wochenende wird's voll, und ab 2 Uhr wird nur noch nach Coolness eingelassen! *Do–Sa 23–6 Uhr | Av. Infante Dom Henrique 6f | Cais da Pedra gegenüber dem Bahnhof Santa Apolónia | luxfragil.com | Metro (blau) Santa Apolónia | Santa Apolónia | P9*

INSIDER-TIPP Zugang zur heiligen Halle

TITANIC SUR MER

Angesagter, alternativer Spot für Livemusik, Kabarett und Undergroundevents in einem ehemaligen Fischauktionshaus, mit niedrigen Getränkepreisen und ohne Allüren. Für Raucher. Mo Jazzjam mit freiem Eintritt, Mi kannst du den in Lissabon megaangesagten brasilianischen Forró-Tanz lernen. *Mo 22–02, Mi/Do (nur zu Veranstaltungen) 23–06, Fr/Sa 23–6 Uhr | Cais da Ribeira Nova/Cais do Sodré | facebook: Titanicsurmer | Metro (grün) Cais do Sodré | Santa Catarina | L10*

TRUMPS

Der Platzhirsch im gay-freundlichen Viertel Principé Real, aber offen auch für Heteros. Drag-Show, die selbst Veteranen erblassen lässt, und Club. *Do–Sa und vor Feiertagen 23.45–06 Uhr | Rua da Imprensa Nacional 104b | Tel. 915938266 | trumps.pt | Metro (gelb) Rato | Rato | K8*

FADO

Man muss das realistisch sehen: echten Fado zu erleben ist Glückssache. Viele Fadolokale sind auf Touristen zugeschnitten und bieten professionellen Fado. In der Regel zahlt man keinen Eintritt, dafür sind Essen und Trinken wesentlich teurer als in normalen Restaurants. 45 Euro pro Nase ist ein Mittelwert. Die Rettung: kein Verzehrzwang, wenn man spät (frühestens ab 23 Uhr) kommt. Eine Flasche Wein kostet mindestens 20 Euro. Achten Sie auf Schilder, die *Fado vadio* ankündigen: Bei diesem Amateurfado singt, wer will.

„Untouristischen" Fado gibt's also in den Restaurants selten. Ein Trick ist die Uhrzeit. Wenn die Touristen schon

INSIDER-TIPP
Fado-Crashkurs

vom Tisch aufstehen, geht die *Fado Night Tour* durch drei Fadolokale in der Alfama erst los *(Nov./Dez., Feb./März Do–Sa, April–Okt. Mo–Sa 22–0.30 Uhr | ab 30 Euro ohne Getränke) | im Winter Buchung einen Tag vorher, sonst bis spätestens 16 Uhr am Tourtag | fadonighttour.com | Minigruppe bis vier Leute, Treffpunkt am Museu do Fado, s. S. 33)*. Tipp: Check die monatliche *Agenda Cultural Lisboa* (Papierversion oder online) und schau in der Música-Rubrik nach „Real Fado – Fado Autentico em locais surpreendentes", an überraschenden Orten also, wie im Wasserwerk oder in Shopping-Hotspots. Ansonsten: Augen auf für Plakate, die „Grande Gala do Fado", „Fado Solidário" oder ähnliche Events bewerben: Da gibt's direkten Zugang zur Fadoseele, inmitten echter Lissabonner.

ASSOCIAÇÃO FADO CASTO

Grobgehauene Steintreppen führen zum Ziel. In dieser Fado-Akademie, der kleinen Schwester der *Mesa dos Frades* (s.u.) läuft die Fado-Session bis in die Puppen. Das kann ein Mädel in schwarzem Hosenanzug und Turnschuhen mit großer Stimme sein, gefolgt von einem älteren Senhor, der seinen Fado eher spricht. Wer keine Lust hat auf das 45-Euro-Menü kommt später, auch dann wird man nett empfangen, ohne großen Konsumzwang. Man gibt sich ein, zwei Tonbecher Rotwein und lässt sich in die Stimmung fallen. *Mo–Sa 20.30–2.30 Uhr | Rua de S. Mamede 8A | associacaofadocasto.com | Alfama | 🕮 e4*

CAFÉ NO CHIADO

Di und Do singt der graumelierte Gentleman-Fadista Zé da Câmara in dem kuscheligen Restaurant einen Geigenwurf von der Oper entfernt. Chiado-Preise, aber faire Fadotaxe 5 Euro, noch nicht so bekannt bei Touristen. Der Sänger hat eine tolle Präsenz und eine Stimme weich wie Samt. Reservieren! *Tgl. 10–2, Do ab 21.30 Uhr | Largo do Picadeiro 2 | Tel. 2 13 46 05 01 | cafenochiado.com | Chiado | 🕮 b4*

MARIA DA MOURARIA

Das Fadolokal unter Leitung von Helder Moutinho liegt in dem Haus, in dem die berühmte Fadista des 19. Jh., Maria da Sevéra, einst lebte – und wo sie auch früh und tragisch starb. Das Essen ist gut, aber die aktuellen Preise hätte sich die Gute nie leisten können: Mindestverzehr bis 22.30 Uhr: 45 Euro (Menü). *Mi–So 17–2 Uhr | Largo da Severa 2 | Rua do Capelão: von der Rua da Mouraria aus die Straße mit der Gitarrenstatue hoch | maria damouraria.pt | Mouraria | 🕮 d1*

MESA DE FRADES ★

Die fotogene, frisch restaurierte Fadotaverne in einer kachelausgekleideten ehemaligen Kapelle hat ihren Preis: Pflichtmenü, auch mit vegetarischer Option: 60 Euro. Der Fado beginnt oft spät. Reservieren! *Di geschl. | Rua dos Remédios 139a | Tel. 9 17 02 94 36 | facebook: Mesa de Frades | Metro (blau) Santa Apolónia | Alfama | 🕮 O9*

A NINI

Ninis Fadostammtisch am Donnerstag ist vielleicht die authentischste Fado-

Fado wird nicht gesungen, sondern zelebriert: Sängerin im „Mesa de Frades"

INSIDER-TIPP
Fado für Eingeweihte

erfahrung, die man in Lissabon machen kann: praktisch nur Portugiesen, die Sänger im Sonntagsstaat, traditionelle Küche, familiäre Atmosphäre. Die älteste Sängerin ist 90! *Do ab 21 Uhr (reservieren!) | Rua Dom Francisco Manuel de Melo 1 | Tel. 2 13 87 00 41 | Tel. 9 60 07 12 51 | Bus 12 Artilharia Um/Rua D. Francisco M. Melo | São Sebastião | K6*

KINOS

Ausländische Filme laufen im Original mit portugiesischen Untertiteln, Blockbuster in den Kinos der Shoppingcenter. Programme auf *cinecartaz.publico.pt*. Unterstützenswertes zentrales Lieblingskino: das *Ideal* oberhalb des Largo de Camões *(cinemaideal.pt)*. Anspruchsvolles Programmkino: die *Cinemateca (Rua Barata Salgueiro 39 | cinemateca.pt)*

KULTURZENTREN

ANJOS 70

Hier treffen sich die Alternativos zu allen möglichen und unmöglichen Aktivitäten und Kursen: Anschluss ist garantiert. Der brasilianische Tanz Forró z. B. ist total angesagt bei den Lissabonnern, und am ersten Wochenende im Monat läuft hier auf zwei Stockwerken der alternativste Markt der Stadt. *Regueirão dos Anjos | anjos70.org | facebook: Anjos70 | Metro (grün) Anjos | Anjos | N7*

CENTRO CULTURAL DE BELÉM

Klassik, Jazz, Pop-Rock und Ethno, Ballett, Modern Dance und Ausstellungen. Auf zwei Stockwerken stellt Joe Berardo seine Sammlung moderner Kunst aus (Sa gratis!). Schöne Cafetaria. *Tel. 2 13 61 24 40 | ccb.pt | Zug Cais do Sodré | Eléctrico 15 Centro Cultural de Belém | Belém | C12*

Scannen & Auswählen
LIS-17-049

FÁBRICA BRAÇO DA PRATA

Wer die Nase voll hat vom Gedrängel, braucht so einen coolen Ort wie diesen. Der Weg raus ins neue Trendviertel Marvila im Osten Lissabons in die ehemalige Munitionsfabrik lohnt sich: Misch dich unter die Locals bei Tanzveranstaltungen und -workshops, Ausstellungen und anderen Kulturevents. Günstiger Eintritt, unterschiedliche Musikstile, nette Gastronomie. *Mi/Do 19–2, Fr/Sa 18–4 Uhr | Rua da Fábrica de Material de Guerra 1 | bracodaprata.com | Busse 718, 728 Poço Bispo | Marvila | 0*

LX FACTORY

Angesagter Kulturkomplex in ehemaliger Textilfabrik. Die coole Buchhandlung mit Café *Ler devagar (lerdevagar.com)*, Büchern bis zur Decke und Avantgardekonzerten ist wochenends bis 2 Uhr früh geöffnet. Aktueller Hotspot ist die Dachterrasse *Rio Maravilha (riomaravilha.pt)*. Außerdem Clubs, Ateliers, Restaurants, Brunch-Cafés sowie u.a. ein flexitarisches Restaurant mit dem beruhigenden Namen *The Therapist*. Draußen erstrampelt man sich auf einer Radkonstruktion den Strom für den Gesundheitssaft selbst. Ein cooler Nachbar (über das Carris-Museumsgelände 200 m die Straßenbahnschienen entlang) ist das *Village Underground*: ausrangierte Doppeldecker und Container für Co-Working, mit Caférestaurant, DJs, Events. Am besten Di–Fr kommen. *Tgl., wechselnde Zeiten | Rua Rodrigues Faria 103 | Tel. 2 13 14 33 99 | lxfactory.com | Eléctrico 15, 18 Largo do Calvário | Alcântara | G10*

MOURADIA COMPOSTA

Spannend für junge, alternativ eingestellte Besucher ist der zentrale, versteckt liegende Sitz der Nachbarschaftsorganisation „Renovar a Mouraria", mit Laden und gemütlichem Snackrestaurant, dessen Profit

Angesagter Treffpunkt LX Factory: Dachterrasse „Rio Maravilha"

die urbane Erneuerung des Viertels unterstützt. Führungen, Sprachkurse, Gratiskonzerte, Kochaktionen internationaler Einwohner, Filmabende etc. stehen auf dem Programm. *Di–Sa 12–0 Uhr | Beco do Rosendo 8 | facebook: Renovar a Mouraria | Metro (grün) Rossio | Mouraria | d2*

MUSIC CLUBS & LIVE-EVENTS

BARTÔ

Warum sind eigentlich die verflixten Raucherbars immer die nettesten? Im Keller der fest in Touristenhand befindlichen Chapitô-Terrasse kannst du dir jeden Abend Musik geben: Fado, Weltmusik und am trüben Montag der fesche *Clube do Choro:* Ukulele, Tamburin, Geige, Saxophon – absoluter Kult und geht in die Beine. *Tgl. 21–2 Uhr | Costa do Castelo 7 | facebook: Barto | Metro (blau, grün) Baixa-Chiado, dann Elevador do Castelo | Alfama | d3*

INSIDER-TIPP
Let the music play!

GALERIA ZÉ DOS BOIS

Ewig junger Chef-of-Cool-Cluster, eine feste Größe im Kulturleben. Im Ex-Stadtpalast spielen alle, von hiesigen Blues-Ikonen wie Legendary Tigerman und Gitarrist Norberto Lobo über internationale Newcomer, psychedelische Afrosounds bis zu improvisiertem Noise. Ausstellungen (Mi–Sa ab 18 Uhr). *Öffnungszeiten wechselnd, Konzerte meist ab 22 Uhr | Rua da Barroca 59 | zedosbois.org | Metro (blau, grün) Baixa-Chiado | Bairro Alto | a3*

HOT CLUBE

Der Treffpunkt für echte Jazzer. Di Jamsessions. *22–2 Uhr, So/Mo geschl. | Praça da Alegria 39 | hcp.pt | Metro (gelb) Avenida | Rossio | L8*

LOUNGE

Lässige Bar, lässiges Publikum, gemischte Musik, Konzerte gratis! Sehr verraucht! *Mo geschl. | Rua da Moeda 1 | gegenüber vom Elevador da Bica | facebook: Lounge Bar Lisboa | Eléctrico 25 Rua S. Paulo (Bica) | Metro (grün) Cais do Sodré | Santa Catarina | L10*

MUSICBOX ★

Der Club ist Anlaufstelle für Fans von House, Electro und Alternative und für Nachteulen: Außer an Konzerttagen ist vor 2 Uhr nichts los. Die monatliche *Príncipe Night* bringt den urbanen Sound der Vororte in die City (10 Euro inkl. Getränk). *Di–Do, So 22–6, Fr/Sa 23–6 Uhr | Rua Nova de Carvalho 24 | musicboxlisboa.com | Metro (grün) Cais do Sodré | Santa Catarina | a5*

THEATER, MUSICAL & OPER

Die alten Theater, das *São Luíz* und das *Trindade* am Chiado und das *Dona Maria II* am Rossio, sind schön anzusehen, gespielt wird aber auf Portugiesisch. Das *Teatro Nacional de São Carlos* spielt italienische Opern. Die Gulbenkian-Stiftung *(musica.gulbenkian.pt)* hat eigene Säle und ein eigenes Orchester; am 1. So des Monats gibt's Gratiskonzerte (16 Uhr) im Museum.

INSIDER-TIPP
Topkonzerte für lau

Scannen & Auswählen
LIS-17-050

AKTIV & ENTSPANNT

Joggen geht eigentlich überall ...

SPORT, SPASS & WELLNESS

WANDERN

Caminhar – wandern? So was machten lange nur Ausländer. Heute haben auch Portugiesen das Touren durch die Natur entdeckt, trekken durch den Sintra-Naturpark und die Küste entlang. Aber nicht allein! Die Teilnahme an kommerziellen Wanderungen ist günstig (ca. 5 Euro), da die Gruppen meist recht groß sind. Auf originellen Pfaden wandelst du z. B. mit *Caminhos Com Carisma (facebook: CaminhosComCarisma), greentrekker.pt* und *Caminhadas Smile (facebook: caminhadas.smile).*

YOGA FÜR ALLE

Die Yogawelle hat auch Lissabon erreicht. Wer mit Einheimischen die Sonne grüßen mag, hat die Wahl: *The Therapist (Rua Rodrigues de Faria 103 | thetherapist.pt)* bietet Di-abends Hatha-/Yivamukti-Yoga an. Wann wo eine Session – im Park oder auf einer Dachterrasse – startet, verrät die Plattform *MeetUp (meetup.com).* In besten Händen ist man bei der Lissabonnerin und zertifizierten Hatha-/Iyengar-Lehrerin Rita Pereira *(auch auf Englisch | nach Voranmeldung | 13 Euro/75 Min. | yogaloveyoga.weebly.com).* Und für Entspannung suchende Wasserratten-Yogis gibt's SUP-Yoga auf großen Stand-up-Paddling-Brettern in der Bucht von Cascais *(surfnpaddle.com).*

JOGGEN AM FLUSS

Eine gute Joggingstrecke führt von der Praça do Comércio über den Verkehrsknotenpunkt Cais do Sodré 6 km am Tejo entlang nach Belém – vorbei an der jetzt schön angelegten Ribeira das Naus, wo früher die Entdeckerschiffe gebaut wurden, an Sehenswürdigkeiten wie der Torre de Belém und dem Entdeckermonument. Übrigens: Walken und Spazierengehen geht da genausogut, klar!

Spaziergänger und Wanderer am Cabo da Roca

Du willst nicht auf dein Laufprogramm verzichten und trotzdem alle Mustsees abklappern? Problem erkannt, Problem gelöst: Mit den *Lisbon City Runners (lisboncityrunners.com)* geht auch das.

FAHRRAD FAHREN

Ganz zaghaft zeigen die Lissaboner Radfahrer Profil; wer sie kennenlernen will, leiht sich ein Rad, begibt sich an einem letzten Freitag im Monat um 18 Uhr zum Kreisverkehr Marquês de Pombal und radelt bei der *Massa Crítica (massacriticapt.net)* mit, bei der ein paar Dutzend Lissabonner die Straße für sich einfordern, allerdings auf portugiesisch-höfliche Art: Eine Fahrspur wird stets freigelassen. Langsam legt die Stadtverwaltung Radwege an – schön natürlich am Fluss entlang, sonst eher in den Außenbezirken. Die Altstadt ist halt nicht für Radler gemacht, denn die Schienenrillen der *eléctricos* sind böse Fallen für Radfahrer, die ihrerseits bei Bus- und Taxifahrern nicht sehr beliebt sind. Eine Onlinekarte der Fahrradwege gibt es bei *cicloviaslx.com,* Fahrradvermietung u. a. über *Bikeiberia* (s. S. 136). 2018 lief endlich das *Gira*-Stadtradprojekt an; leider gab's auch gleich eine Nachschubkrise. Und dazwischen flitzen jetzt auch noch die Touristen auf City-Rollern durch die Gegend, die dann gern überall kreuz und quer abgestellt werden.

PANORAMA-PADEL

Wie wär's mit einer Runde Padel-Tennis auf dem Dach einer renovierten Markthalle? Die fünf Felder von *Racketspro Saldanha* sind überdacht, klar. Kostenpunkt für zwei Padeler inklusive Schläger und Bälle: 18 Euro für 90 Min. *Mo–Fr 7–24, Sa/So 8–24 Uhr | Mercado 31 Janeiro, Rua Eng. Vieira da Silva, 2. Stock | racketspro.pt*

PING-PONG IM PARK

Wie lang hast du kein Tischtennis mehr gespielt? Der Ping-Pong-Tisch im *Jardim Braancamp (Campo Mártires da Pátria)* ist zwar nicht mehr top in Schuss, aber ein Netz lässt sich improvisieren. Keine Schläger dabei? Die Ausrede gilt nicht: Sets gibt's für unter 5 Euro beim Sportdiscounter *Decathlon (decathlon.pt)* – der zentralste ist am *Corte Inglés*. Nach dem Match schmeckt das Bier vor der witzigen *Mosca da Fruta*-Bar in Form einer riesigen, bunten Fruchtfliege.

SENHOR KLETTERMAX

Der coolste Indoor-Climbing-Spot der Stadt ist *Vertigo* („Schwindel") *(facebook: Vertigo Rocódromo Lisboa)*, am Tejo-Ufer im Trendviertel Marvila. Für Outdoor-Klettern ist die beste Spot (allerdings weit außerhalb) *Sintra Penha da Amizade* auf halber Höhe des *Vila-Sassetti-Trails* (1 Std.) von Sintra hoch zur Maurenburg bzw. mit Zugang von der Auffahrstraße.

FUSSBALL

Hältst du es mit den Adlern oder mit den Löwen? Ein richtiger Lisboeta muss Farbe bekennen: Rot für die *Águias* (Adler) von Benfica – mit 225 000 Mitgliedern nach Bayern München der zweitgrößte Club der Welt – oder Grün für die *Leões* (Löwen) von Sporting. Benficas *Estádio da Luz* („Stadion des Lichts") fasst ca. 65 000 Zuschauer *(tgl. außer an Spieltagen 10–18 Uhr Führungen, alle halbe Std. | Eintritt Stadion 12,50, Museum 10, Kombi 17,50 Euro | Kasse Tür/Porta 18 | slbenfica.pt | Metro (blau) Colégio Militar/Luz)*. Ins *Estádio José Alvalade (Di–So 9.30–17 Uhr, an Spieltagen 10.30–13 Uhr, 50 Prozent Rabatt bei Vorlage des Spieltickets, Führungen 11.30, 14.30, 15.30, 16.30 Uhr | Eintritt Stadion & Museum 14 Euro | sporting.pt | Metro (gelb) Campo Grande)* von Sporting passen auch noch über 50 000 Fans. Tickets für Ligaspiele kosten 5–35 Euro, Bestellung vorab an den Stadionkassen oder online *(tgl. 10–20 Uhr | Abholung spätestens 2 Std. vor Spielbeginn)*.

INSIDER-TIPP
In der Zweiten sieht man besser

Wenn es ein etwas entspannterer, familienfreundlicher Fußballnachmittag werden soll: Auf ins *Restelo*-Stadion des Zweitligisten Belenenses! *Estádio de Restelo (Av. do Restelo | Belém | osbelenenses.com | Tickets vor Ort 7–15 Euro)*.

WELLNESS

Wunderbar für müde Füße ist eine chinesische Fussmassage, die in Lissabons Chinatown entlang der Rua da Mouraria mehrfach angeboten wird. Natürlich kannst du auch den ganzen Körper bearbeiten lassen.

Die ungekrönte Königin unter den Lissabonner Spas ist das *Garden Spa (Rua Jau 54 | pestana.com | Anfahrt am besten mit dem Taxi)* des Hotels *Pestana Palace*. Hier hast du die Qual der Wahl: Kaviar-Gesichtsbehandlung, Schokoladen-Körperpackung oder Heißer-Stein- bzw. Ayurveda-Massage? Alles mit Blick auf die Gärten, die den Palast aus dem 19. Jh. umgeben – die Augen relaxen mit.

Komplette Entspannung gefragt? Dann ist ein Stündchen in der Salzlösung im Schwebetank von *Float In (50 Min. ab 50 Euro | Rua San Filipe Nery 37A | float-in.pt | Metro (gelb) Rato)* angesagt. Das Hirn schaltet ab, und die Beinmuskeln erholen sich wunderbar von den steilen Straßen der Stadt. Ableger gibt's in Picoas (Saldanha) und Belém.

SPORT VOM SOFA

Nach all dem Rumgerenne in der City kommt ein bisschen Couch-Potato-Sofasport doch auch mal ganz gut. In der Sportsbar *The Couch (So–Do 12–2 Uhr, Fr/Sa 11–3 Uhr | Rua do Alecrim 21A | thecouch.pt | Metro (grün) Cais do Sodré)* flimmern Champions League, Golf & Co. aus aller Welt über 30 Bildschirme. Schnapp dir einen der 12 nach Sportikonen benannte Cocktails, z.B. den „Michael Phelps" auf Hendricks-Gin- Basis mit Basilikum, Gurke, Limette, Zitronensaft und schau zu, wie andere sich abstrampeln.

Farbe bekennen: Fans von Benfica im Estadio da Luz

FESTE & EVENTS

An Feiertagen sind Banken und viele, aber nicht alle Geschäfte geschlossen. Der 26. Dezember und Ostermontag sind normale Werktage. Museen sind meist am 1. Januar, Ostersonntag, 1. Mai und 25. Dezember geschlossen. Die Tejo-City liebt es zu feiern, und Anlässe dafür gibt's rund ums Jahr (Infos: *visitlisboa.com, atlaslisboa.com/culture/events* und *viralagenda.com*). Der Festmonat schlechthin ist Juni mit den Ehrentagen diverser Volksheiliger, vor allem Santo António am 13.6.

FEBRUAR

Wechselnde Daten (2021: 12. Feb., 2022: 1. Feb.): **Chinesisches Neujahr**; Drachen winden sich durch die Sraßen von Chinatown um Martim Moniz. Konzerte, Food & Feng Shui *(facebook: Ano Novo Chinês)*

FEBRUAR/MÄRZ

Karneval (*entrudo* Faschings-Di), brasilianisch angehauchter Nachbarschafts-Karneval mit kostümierten Umzügen in vielen Vierteln, Schwerpunkt Parque das Nações

MÄRZ

Mitte des Monats: **EDP Meia Maratona** (Voll- und Halbmarathon) von der 25.-Abril-Brücke nach Belém

Mitte des Monats: **Moda Lisboa/Fashion Week** *(Pavilião Carlos Lopes/Parque Eduardo VII | modalisboa.pt)*; im Okt. nochmal

Holi, das indische Fest der Farben, mit Epizentrum auf dem Martim Moniz (facebook: Happy Holi)

Peixe em Lisboa, Fischfest im noblen *Pátio da Galé (Praça do Comércio),* mit Showcooking und großem Gastro-Aufmarsch *(peixeemlisboa.com)*

Ende des Monats: **Caparica Surf Fest**, eine Woche lang Wellenreiter- und

Ein Spielmannszug feierte den Tag der Nelkenrevolution

Bodyboard-Turniere, Konzerte, Partys *(beachcam.meo.pt)*
Alle Sa im März: **Serões músicais no Palacio da Pena**. Die Touris sind noch nicht da – die Gelegenheit zum gepflegten Musikgenuss im Palast von Sintra *(parquesdesintra.pt)*

APRIL

25. April: **Parade** der kommunistischen Partei PCP auf der Avenida da Liberdade zum Jahrestag der Nelkenrevolution am 25.4.1974
Ende April: **Dias da música**, drei Tage Klassik-Konzertmarathon im Centro Cultural de Belém *(ccb.pt)*
Ende April (10 Tage): **Indie Lisboa** *(indielisboa.com)*, internationales Independent Filmfestival

MAI

So nach dem 4. Mai: **Procissão de Nossa Senhora de Saúde**, die Prozession Unserer lieben Frau der Gesundheit durch die Mouraria, zum Gedenken an das Ende der Pestseuche 1580, ist die älteste Prozession der Stadt. Das alte Portugal der Traditionen lebt auch in der City!
Mitte Mai: **ARCO Lisboa**, Internationale zeitgenössische Kunst in der *Cordoaria Nacional*; das Gebäude an sich ist schon interessant! *(ifema.es/arcolisboapr_01)*

INSIDER-TIPP
Essen für die gute Sache

Lisbon Restaurant Week: Die Gourmettempel öffnen ihre Tore; für 20 Euro (Getränke extra) kannst du dir Top-Gastronomie geben. Und: Von den 20 Euro wird einer für wohltätige Zwecke verwendet (nochmal im September)
Ende Mai: **Feira do Livro**, Bücherfest mit Konzerten, Street-Food und Präsentationen *(nachmittags, Fr–So bis 23 Uhr | feiradolivrodelisboa.pt | Metro (blau, gelb) Marquês de Pombal)*, Buchmesse im Parque Eduardo VII

JUNI/JULI

Heiliger Sardinensack! Fast einen Monat lang werden die **Arraiais** gefeiert: Straßenfeste mit Musik und Tanz, gebratenen Sardinen und Wein. Ein hipper Arraial mit mehr Klasse und weniger Gedränge findet in einer der alten Arbeitersiedlungen der Graça statt *(facebook: Vila Berta)*. Einer der Höhepunkte: die Parade *Marchas populares (ab 21 Uhr | Av. da Liberdade).*

INSIDER-TIPP
Angesagte Sardinenparty

Ein Höhepunkt im Festkalender: **Casamentos de Santo António** am 12. Juni, dem Vorabend des Dia de Santo António: Paaren aus ärmeren Verhältnissen wird von der Stadt die Hochzeit mit allem Drum und Dran gesponsert. In der Sé und der Câmara Municipal (Rathaus) ab 14 Uhr

Lisboa em festa: Ausstellungen, Märkte und Konzerte; Kultursommer zum Nulltarif: Open-air-Fados und mehr. Man weiß kaum, wo man zuerst hin soll *(egeac.pt | cm-lisboa.pt)*!

Anfang/Mitte Juli: **NOS Alive**, drei Tage große Pop- und Rock-Namen in Algés am westlichen Rand der Stadt *(nosalive.com)*

JULI

Mitte Juli: **Superbock Superrock**, Rock- und Metalfestival mit einer Prise Hip-Hop im Parque das Nações *(superbocksuperrock.pt)*

Festival EDP Cool Jazz: Der Stromversorger EDP sponsert Open-Air-Jazzkonzerte in Cascais. Namen wie David Byrne, Norah Jones, Gregory Porter. Und: eines der ökologisch korrektesten Festivals *(edpcooljazz.com)!*

AUGUST

Anfang Aug.: **Aurafestival**. Es werde Licht! Lichtkunst ist im mystischen Sintra grad richtig *(aurafestival.pt)*

Anfang Aug.: **Jazz em Agosto**, internationales Jazzfestival (10 Tage) mit Top Acts *(musica.gulbenkian.pt/jazz)*

Mitte Aug.: **O Sol da Caparica.** Beim größten öffentlichen Musikfestival Portugals an der Surfküste gibt's auch Straßenkunst, (Zeichentrick-) Filme, u.v.m. Einer der vier Tage ist speziell auf Kinder ausgelegt *(osoldacaparica.pt)*

SEPTEMBER

1.–30. Sept.: **Feira da Luz**. So ein richtiges Volksfest, in Carnide am Stadtrand, mit vielen Gratis-Events, Fado- und Popkonzerten u.a. – ein populäres Mega-Event

Mitte Sept.: **Festival Todos.** *Todos* heißt „alle", und drei Tage lang feiert das multikulturelle Lissabon in São Vicente und auf dem Santana-Hügel mit Konzerten, Tanz u.a., oft an spannenden Orten; z.B. mongolisch-bulgarisch-französische Musik in einer historischen Kapelle, so Sachen halt … *(festivaltodos.com)*

Mitte Sept.: **Lisbon Busking Festival**, Straßenmusik am Hipster-Spot *(facebook: Chapéus na Rua)*

Ende Sept.: **Festival Iminente,** Musik- und Kulturfestival unter der Leitung des Stars der Straßenkunst, Vhils, im *Restaurante Panorâmico* im Monsanto-Park. Cooler geht's nicht, und die Tagestickets sind nicht teuer *(facebook: Festival Iminente)*

Ende Sept.: **Lumina Cascais,** Lichtfestival in Cascais *(lumina.pt)*

OKTOBER

Anfang Okt.: **Lisbon Food Week**, thematische Dinners, Showcooking, Restaurantrouten unter dem Motto „Let's Eat it All!" *(lisbonfoodweek.pt)*

Mitte Okt.: **Marathon** und Halbmarathon *(facebook: EDP Maratona de Lisboa)*

Ende Okt.: **DocLisboa**. Lissabons wohl bekanntestes Filmfestival zeigt zehn Tage lang spannende Dokus aus aller Welt im schönen Art-déco-Kino *São Jorge* an der Avenida Liberdade. Tickets 4 Euro *(doclisboa.org)*

3. Sa im Okt.: **World Singing Day**, europaweites Singfestival *(facebook: World Singing Day)*

Ende Okt.: **Jameson Urban Routes**, Indoor-Festival der aktuellen Musikszene im coolen Club *Musicbox Lisboa*

NOVEMBER

Anfang Nov.: **Web Summit**. Bis 2028 findet das Treffen der Informatik-Nerds, laut Forbes die „beste Technologiekonferenz auf dem Planeten", in Lissabon statt, mit einer hochkarätigen Frauenpräsenz, ab 2019 in den Messehallen der Expo *(websummit.com)*

Misty Fest, Mix-Musikfestival mit Jazz und Klassik *(misty-fest.com)*

Ende Nov.: **Super Bock em Stock**. Das Festival gibt's seit 2008, die Musik ist immer neu, über 50 Acts in über zehn Veranstaltungsorten um die Av. da Liberdade herum; Gelegenheit, unbekannte Ecken der Nobelmeile zu entdecken

DEZEMBER

Glühwein muss sein? Kein Problem: Vorglühen und Riesenradfahren gibt's auf dem **Weihnachtsmarkt** im Parque Eduardo VII

Die atmosphärischen vorweihnachtliche **Musikkonzerte** in vielen Kirchen sind meist gratis! Nur sollte man sich warm anziehen *(egeac.pt)*!

Bei den Marchas populares werden fantasievolle Kostüme vorgeführt

SCHÖNER SCHLAFEN

HIPSTER-HOTEL

1908 wurde das Gebäude im Neo-Barock-Rokoko-Stil mit dem Valmor-Architekturpreis gekrönt. Damals war die Ausfallstraße Almirante Reis noch schick. Dann ging's bergab mit der Gegend, heute ist der Intendente-Platz ein Hipsterspott. Das schwarz-weiße Design des Hotels *Lisboa 1908 (36 Zi. | Largo do Intendente Pino Manique 6 | Tel. 2 18 80 40 00 | 1908lisboahotel.com | Metro (grün) Intendente | €€€ | Graça | 📖 N8)* und die Insekten-Metallkunst des Künstlers Bordalo II passen gut dazu. Das Restaurant *Infâme* (s. S. 73) dient als Frühstücksraum.

TAPAS-TERRASSE

In einer ehemaligen Parfumfabrik aus den 30er-Jahren entstand das coole *Monte Belvedere-Boutique-Guesthouse (9 Sui. | Rua Santa Catarina 17 | Tel. 9 15 15 08 60 | shiadu.com | Metro (blau, grün) Baixa-Chiado | €€ | Santa Catarina | 📖 L9–10)*: klare Linien, junges Design, persönlicher Service und eine fabulöse Barterrasse. Das Restaurant *Madame Petisca* steht allen offen: mit einer großen Auswahl origineller Tapas. Wer lieber in Gesellschaft von Einheimischen diniert reserviert einen Tisch im 21–23-Uhr-Slot (statt 19–21 Uhr).

INSIDER-TIPP
Sundowner mit Snack

GRÜNE HERBERGE

Das *Inspira Santa Marta (89 Zi. | Rua de Santa Marta 48 | Tel. 2 10 44 09 00 | inspirahotels.com | Metro (blau) Avenida | Metro (blau, gelb) Marquês de Pombal | €€€ | São Sebastião | 📖 L7)* ist nicht nur Portugals grünstes Boutiquehotel, es hat auch vier wohlverdiente Sterne, sehr zuvorkommendes Personal und ein gutes Restaurant (auch glutenfreie Küche). Die begrenzte Ablagefläche und verwirrende Lichtschaltung in den schönen Feng-Shui-

Restaurant im Hotel Inspira Santa Marta

Zimmern wird durch die zentrale Lage (15 Min. zu Fuß zum Rossio) in einer reizend altmodischen Parallelstraße zur Av. da Liberdade wettgemacht.

KINDER WILLKOMMEN!

Die 37 Studio-Apartments des Familienhotels *Martinhal (Rua das Flores 44 | Tel. 2 10 02 96 00 | martinhal.com | €€€ | Chiado | a4–5)* in einem Palast aus dem 19. Jh. sind komplett auf Familien eingestellt: Möbel mit abgerundeten Ecken, Etagenbetten, Badezimmer mit Töpfchen. Babysitting und Kidsprogramme (bis 9 J.) schaffen Freizeit für Eltern. Frühstück (kostet extra) nebenan im *M Bar Family Café*.

HIER SCHLÄFT DIE BOHEME

Das günstige, coole Künstler-Guesthouse *Largo Residências (22 Zi. | Largo do Intendente/Pina Manique 19 | Tel. 2 18 88 54 20 | largoresidencias.com | Metro (grün) Intendente | € | Intendente | N8)* liegt 10 Min. zu Fuß vom Zentrum am Schaustück urbaner Stadtentwicklung, dem Largo do Intendente mit Cafébars und Kultur. Wer selbst kochen will: Es gibt zwei Küchen und Aufenthaltsräume. Neben Künstlern, die im Guesthouse in Ruhe an ihren Projekten arbeiten, können hier auch Touris wohnen. Naja, „Ruhe": Ohrenstöpsel gibt's an der Rezeption, man ist halt mitten im (Nacht-)Leben.

HEKTIK ADE!

Das Boutique-B & B *The House (14 Zi. | Travessa Pinheiro 11, 4. St. | Tel. 2 15 94 79 49 | thehouse.pt | Metro (gelb) Rato | € | Estrêla | J9)* im ruhigen Estrêla-Viertel hatte schon lange vor der aktuellen Rooftop-Manie seine 360-Grad-Blick-Terrasse. Die Besitzer nehmen sich Zeit, geben Tipps und helfen bei der Trip-Planung. Damit, und mit fairen 75 Euro für Singles, ist das Haus ideal für Soloreisende.

ERLEBNIS TOUREN

Lust, die einzigartigen Facetten der Stadt zu entdecken? Dann sind die Erlebnistouren genau das Richtige für dich! Ganz einfach wird es mit der MARCO POLO Touren-App: Die Tour über den QR-Code aufs Smartphone laden – und auch offline die perfekte Orientierung haben.

Die berühmte Tram Nr. 28 klettert durch die Altstadtgassen nach oben

Einfach QR-Code scannen und alle Karten & Infos zu unseren Touren auch unterwegs parat haben!

go.marcopolo.de/lis

DIE ERLEBNISTOUREN IM ÜBERBLICK

Moscavide
Architektur und „Meeresbrise" – das neue Lissabon
2
Olivais Sul
Av. Marechal Gomes da Costa
Teresinhas
Av. Almirante Gago Coutinho
Chelas
da América
Braço de Prata
eiro
Picheleria
Madre de Deus
Avenida Infante D. Henrique
Caminhos de Ferro
Streifzug durch die Alfama
Rio Tejo

1 LISSABON PERFEKT IM ÜBERBLICK

- Auf der zentalen Flaniermeile zum Tejo
- Unterwegs mit Aufzügen und klapprigen Straßenbahnen

Rossio

Rua Nova do Carvalho

6 km

1 Tag, reine Gehzeit 1¾ Stunden

Kosten: 21,65 Euro (ÖPNV-Tagesticket 6,15 Euro, 2 **Triumphbogen** 3 Euro, 6 **Castelo de São Jorge** 8,50 Euro, 11 **Museu Nacional de Arte Contemporânea do Chiado** 4,50 Euro) zzgl. Verpflegung
Achtung: In der Straßenbahn Brieftasche sicher verstauen! Nicht die kostenlose 13-Uhr-Führung im 6 **Castelo de São Jorge** verpassen!

1 Rossio

2 Triumphbogen

3 Praça do Comércio

HERZ UND SCHLAGADER DER STADT

Startpunkt ist am zentralen Platz 1 **Rossio** ➤ S. 39. Und dann einfach erstmal losschlendern: *über die Hauptgeschäftsstraße* **Rua Augusta** *in Richtung Tejo*. Hier seid ihr mitten in der Unterstadt, der Baixa, die nach dem Erdbeben von 1755 durch Stadterneuerer Marquês de Pombal großzügig im Rastermuster angelegt wurde. Die dreistöckigen Häuser bestanden aus dem „Pombalinischen Käfig": einem flexiblen, erdbebenresistenten Holzgerüst. Auf den imposanten 2 **Triumphbogen** *(Eintritt: 3 Euro)* kann man rauf: für Topblicke auf Baixa, Tejo und die 3 **Praça do Comércio** ➤ S. 37. Auf dem von sonnengelben Arkaden eingerahmten Empfangsplatz der Stadt fühlt man sich schon wie am Meer!

So, jetzt wendet ihr euch wieder Richtung Rossio und geht nach rechts in die Rua Conceição. Flankiert von altmodischen Kurzwarenläden mit bunten Bordüren, Knöpfen und Häkelnadeln *gelangt ihr an der Ecke zur Rua Madalena zur Haltestelle der berühmten* Straßen-

bahn ④ **Eléctrico 28** ➤ S. 27. Springt in das gelbe Bähnchen, das seit über 100 Jahren durch die verwinkelte Altstadt zockelt, und fahrt ein paar Stationen – vorbei an der Kathedrale Sé ➤ S. 32 – bis zum *Largo das Portas do Sol*. Von den Terrassencafés – vom einfachen Kiosk bis zum schicken ⑤ **Esplanada das Portas do Sol** – gibt's einen tollen Blick auf die Dächer der Alfama und den Tejo mit dem größten Kreuzfahrschiff-Terminal Europas. *Steigt dann gestärkt den steilen Treppchenweg Beco do Maldonado hinter euch hinauf und biegt links in den pittoresk-bröckeligen Pátio de Dom Fradique* – wer Altmeister Wim Wenders' Filmklassiker „Lis-

④ Eléctrico 28

⑤ Esplanada das Portas do Sol

bon Story" (1994) gesehen hat, dem wird dieser Ort bekannt vorkommen ...

❻ Castelo de São Jorge

Um diese Zeit beginnt beim **❻ Castelo de São Jorge** ➤ S. 34 die Gratisführung, häufig auf Englisch. Auch wenn die maurische Zitadelle unter Diktator Salazar zu einer bezinnten Bilderbuchburg umgemodelt wurde – unter Pinien, Olivenbäumen und Steineichen bietet sie weite Blicke über die Stadt, ein prima Museum und eine Ausgrabungsstätte. Bei Letzterer unbedingt die Führungszeiten checken, beim reinen Gucken erschließt sich wenig!

ELEVADORES, AZULEJOS, FADO UND OLIVENÖL

❼ Mercearia do Castelo

Fünf Minuten Fußweg entfernt empfiehlt sich fürs Mittagessen die angenehme **❼ Mercearia do Castelo** *(tgl. | Rua das Flores de Santa Cruz 2 | €€)* im sanierten Castelo-Viertel. *Zurück in die Baixa geht es rechts über die Rua Cruz do Castelo, dann rechts über die Rua do Milagro de Santo António* (mit den blau-weißen Kachelbildern an der Hauswand) *zum Elevador da Baixa (Einstieg am Oberdeck des Chão-de-Loureiro-Parkhauses).* Noch schnell den Superblick von der Aussichtsterrasse mitnehmen, dann im Glaslift ein paar Etagen runterfahren. Im **❽ Olistori** ➤ S. 89 in der Rua Madalena gibt's ein spannendes Gratis-Tasting hochwertiger regionaler Olivenöle; etwaige Käufe bringen die Besitzer übrigens genauso gratis ins Hotel.

❽ Olistori

INSIDER-TIPP
Das grüne Gold

❾ Elevador de Santa Justa

Nach dieser Gourmeteinlage *geht's nebenan im Glaslift weiter runter, in die Rua dos Fanqueiros. Von hier nach rechts und die zweite links geht's in die Rua Santa Justa, in direkter Sichtlinie auf den* **❾ Elevador de Santa Justa** ➤ S. 39 *zu.* Spar dir hier die lange Schlange und *nimm die Treppe daneben hoch in die Rua do Carmo und das französisch inspirierte Nobelviertel* **Chiado** ➤ S. 42. Gegenüber der Aufgangstreppe, im Winzladen **❿ Luvaria Ulísses** ➤ S. 88, gibt's edle Handschuhe aus feinstem Leder für die Hälfte des Preises, den du zu Hause bezahlen müsstest. Häufig steht das *Fadomobil* – ein grüner Oldtimer mit CD-Verkauf – genau hier,

❿ Luvaria Ulísses

und es erklingt die Stimme der legendären Amália Rodrigues. *Ansonsten geht es sofort weiter: rechts die Rua Garrett hoch, dann links in die Rua Serpa Pinto.*

Dort entfaltet sich im ⑪ **Museu Nacional de Arte Contemporânea do Chiado ➤ S. 44** die ganze Bandbreite der modernen portugiesischen Kunst – und im Gartencafé kann man sich mal wieder in den Relaxmodus bringen. Coole Retro-Souvenirs gibt's im Mutterhaus von ⑫ **A Vida Portuguesa ➤ S. 85** *in der Parallelstraße Rua Anchieta.*

⑪ **Museu Nacional de Arte Contemporânea do Chiado**

⑫ **A Vida Portuguesa**

Tipp für einen Aperitif in der Nähe: Im legendären ⑬ **Café A Brasileira** *(Rua Garrett 120)* ist man im holzgetäfelten Innenraum unter Lissabonnern statt im Touristen- und Straßenmusiker-Gemenge draußen. *Jantar?* Abendessen? Angefangen mit *bacalhau*-Stückchen auf einer Mini-Wäscheleine, kann sich ein Tasting-Menü im ⑭ **100 Maneiras ➤ S. 72** ein bisschen hinziehen. Doch beim traditionell späten Beginn der Lissabonner „Night" ist das kein Nachteil.

⑬ **Café A Brasileira**

⑭ **100 Maneiras**

Das alte Lissabon hat Stil: Innenraum des Cafés A Brasileira

Langsam geht die Party los! *Schlendert einfach die typische Bairro-Straße Rua do Diário das Notícias hinunter, rechts in die Rua do Norte, überquert den Largo de Camões und geht die Rua do Alecrim hinab.* Ein guter Zwischenstopp ist die Nr. 19: Die ⓯ **Pensão Amor** *(So geschlossen)* ist eine angesagte Bar, deren Deko noch an ihr Vorleben als Bordell erinnert. Später zieht die Nachtschwärmerkarawane weiter in die pink gestrichene ⓰ **Rua Nova do Carvalho**, die Nightlife-Flaniermeile des Cais do Sodré ➤ S. 90 – mit der *MusicBox Lisboa*, dem Nachteulen-Treffpunkt für coole Sounds, mit Retroclubs im 70er-Jahre-Look, trendigen Bars und vielem mehr.

⓯ Pensão Amor

⓰ Rua Nova do Carvalho

❷ ARCHITEKTUR UND „MEERESBRISE" – DAS NEUE LISSABON

➤ **Aufsehenerregendes Bauen für die Zukunft**
➤ **Kunst und Drinks mit Flussblick**

Start: Gare do Oriente
Ziel: Gare do Oriente
Strecke: 5,8 km
Dauer: ¾ Tag, reine Gehzeit 1½ Stunden

Kosten: 25,10 Euro (ÖPNV-Tagesticket 6,15 Euro, ❻ **Oceanário** 15 Euro, ❼ **Seilbahn** 3,95 Euro) zzgl. Verpflegung
Achtung: Tickets fürs ❻ **Oceanário** sind online günstiger! Das **Centro Comercial Vasco da Gama** hat täglich bis Mitternacht geöffnet.

FUTURISTISCHE ARCHITEKTUR

❶ Gare do Oriente

Startpunkt ist der ❶ **Gare do Oriente**, in dessen Betonbauch die rote Metrolinie hält. Der luftig-lichte Palmenhain aus Stahl wurde vom spanischen Architekten Santiago Calatrava für die Expo gebaut – von diesem Bahnhof aus könnte man in Züge nach Porto oder Paris steigen. *Linker Hand geht's einmal über die breite Avenida* für einen Blick auf das hochoriginelle, asymmetrische ❷ **Edifício Mythos** (2012), mit dessen Verschalungsstruktur und Leuchtdioden die hochdekorierten Architektenbrüder Mateus mehrdeutige, dynamische „fiktionale Landschaften" schufen. *Auf derselben Straßenseite, vorbei am Centro Comercial Vasco da Gama,* wartet schon die nächste Architektur-Ikone: der ❸ **Vodafone-Hauptsitz**. Die raffinierten, aufklappbaren Fassadenmodule des Telekommunikationsanbieters sind eine Anspielung auf die Casa dos Bicos ➤ S. 32. So, einmal durchs lichtdurchflutete Einkaufszentrum – auf der anderen Seite wartet ein Open-Air-Kunstwerk, der „❹ **Sonnenmann**", eine semi-abstrakte Monumentalskulptur des Lissabonner Künstlers Jorge Vieira. *Wer den Masten mit den Fahnen der Welt Richtung Wasser folgt,* läuft dem Expo-Maskottchen, einem Wassertropfen-Männchen, in die ausgestreckten Arme. Am Ufer des hier sehr breiten Tejos hat man das Gefühl, schon am Meer zu stehen. *Rechts geht's weiter auf dem Holzsteg einmal ums Wasserbecken rum. Auf der anderen Seite grüßt der* **Portugiesische Pavillon** des Stararchitekten Álvaro Siza Vieira, dessen 1400-Tonnen-Stahlbetondach sich wie ein Blatt Papier wölbt. Unübersehbar der bunte Riesenluchs aus recycletem Müll des angesagten Straßenkünstlers Bordalo II.

❷ Edifício Mythos

❸ Vodafone-Hauptsitz

❹ Sonnenmann

Zu Mittag essen kannst du in der ❺ **Cafeteria** im ersten Stock des mit Keramikschuppen verkleideten **Hauses des Meeres**. Der Aufgang ist gleich neben den Ticketschaltern für das ❻ **Oceanário** ➤ S. 58, in dem du anschließend in die Welt des Meeres abtauchst. Der Aquariumskomplex verkörpert das Expo-Motto „Die Ozeane

❺ Cafeteria

❻ Oceanário

Aug' in Aug' mit Riesenfischen: Begegnung im Oceanário

– Erbe für die Zukunft". Zauberhafte Wesen sind die filigranen Seedrachen!

VON MEERESTIEFEN IN DIE HÖHE!

7 Seilbahn

8 Torre Vasco da Gama

9 Myriad

Nimm vom Ozeanarium die 7 **Seilbahn** *(tgl. 11–18 bzw. 20 Uhr | telecabinelisboa.pt)*, sie bringt ständig Passagiere zum Fuß des 8 **Torre Vasco da Gama**, mit 145 m Lissabons höchstes Gebäude und ein bewusster Konterpart zum Entdeckerdenkmal Padrão dos Descobrimentos ➤ S. 52. Der 500 Jahre nach Vasco da Gamas Landung in Indien errichtete Gitterturm erinnert an ein Karavellensegel. Seit oben im Panoramarondell der Gastrotempel **Fifty Seconds** *(fiftyseconds.com)* eröffnet hat, darf man 20 Jahre nach der Expo jetzt sogar wieder hoch! Ansonsten bietet sich ein stilvoller Aperitif auf der Barterrasse, *esplanada*, des direkt an den Turm gebauten Hotels 9 **Myriad** an. Die höheren Preise werden zweifach wettgemacht: mit Gratissnacks und dem Gefühl, praktisch im Fluss zu sitzen, die elegante **Vasco-da-Gama-Brücke** im Blick. *Am Tejo entlang und durch das* **Centro Comercial Vasco da Gama** ➤ S. 83 *geht's* *zurück zum* ❶ Gare do Oriente. *Fürs Nachtleben sollte man zurück ins Zentrum* – richtiges Nightlife ist auf dem Ex-Expo-Areal nicht eingezogen ...

❶ Gare do Oriente

❸ BUMMEL DURCH DIE OBERSTADT

- Die Miradouros – Aussichtsbalkone auf die Stadt
- Läden und Cafés zum Stöbern und Entspannen

Praça dos Restauradores

Largo do Carmo

3 km

½ Tag, reine Gehzeit 45 Minuten

Kosten: 11,15 Euro (ÖPNV-Tagesticket 6,15 Euro, ❾ Convento dos Cardães 5 Euro) zzgl. Verpflegung

MIT DEM AUFZUG ZUM PRACHTBLICK

Die Tour startet an der ❶ Praça dos Restauradores ➤ S. 40. *Ein paar Schritte die Prunkmeile Avenida da Liberdade hoch wartet meist schon die gelbe Standseilbahn* ❷ Elevador da Glória ➤ S. 40, *die dich bequem hinauf in die Oberstadt bringt, vorbei an der* Straßenkunst-Galerie der Stadt, wo sich Graffitikünstler offiziell austoben dürfen. *Neben der Bergstation liegt die Aussichtsterrasse* ❸ Miradouro São Pedro de Alcântara ➤ S. 43 mit einem traumhaften Blick hinüber zum Castelo de São Jorge ➤ S. 34. *Weiter geht es ein Stück bergauf in die Rua Dom Pedro V. in den feineren Teil des* Bairro Alto mit schönen alten Stadtpalästen, exklusiven Antiquitätengeschäften und interessanten Designläden. Im ❹ Kloster São Pedro de Alcântara zur Linken ist ein Blick in die Kirche und die mit wunderschönen Marmorintarsien ausgekleidete Kapelle gratis. Wenige Schritte weiter ist die Jugendstilbäckerei ❺ Padaria São Roque (Nr. 57), auch *Catedral do Pão* (Brotkathedrale) genannt, ein Blickfang und zudem ideal für eine

❶ Praça dos Restauradores

❷ Elevador da Glória

❸ Miradouro São Pedro de Alcântara

❹ Kloster São Pedro de Alcântara

❺ Padaria São Roque

leckere *Natas*-Pause. Einer der interessantesten Klamottenläden auf der Designermeile ist

6 Kolovrat

INSIDER-TIPP **Originelle Mode**

6 Kolovrat *(Mo–Sa 11–20 Uhr | Rua Dom Pedro V 79 | lidijakolovrat.com)*. Die gebürtige Bosnierin Lidija Kolovrat entwirft originelle Stücke, z.B. Kleider in Blätteroptik und witzige Oberarmtaschen. Du bist jetzt im Príncipe Real, dem Designviertel der Stadt und Zentrum der schwul-lesbischen Community.

SHOPS, KLÖSTER UND AUSBLICKE

7 Stadtpark von Príncipe Real

8 Embaixada

Einen Katzensprung weiter liegt der lauschige **7 Stadtpark von Príncipe Real**. Und das auffällige, zinnengeschmückte Gebäude auf der anderen Straßenseite? Der neomaurische ehemalige Adelspalast beherbergt heute die **8 Embaixada** *(embaixadalx.pt)* („Botschaft"), eine hochpreisige Mini-Mall u.a. mit der Gelegenheit, einen gepflegten Gin zu trinken. Im **Ecolã-Shop** gibt es zeitlose Jacken, Taschen und Accessoires aus wasserabweisendem *burel* (Loden). *Weiter geht's jetzt die ruhige Rua do Século bergab, vorbei an schönen Architekturensembles aus dem 17. Jh. und dem kleinen, aber feinen Ladenbistro* **Mercearia do Século** *(Di–Sa 19–23.30 Uhr | Rua do Século 145 | €)*, das leider nur noch abends geöffnet hat – vormerken zum Wiederkommen! Hinter Hausnummer 123 verbirgt sich das Karmeliterkloster **9 Convento dos Cardães** *(Mo–Sa 14.30–17.30 Uhr | conventodoscardaes.com)*, das nicht nur das Erdbeben von 1755 überlebte, sondern auch die Auflösung der Klöster 1834! *Am Ende der Straße geht es links ein Stück die Calçada do Combro hoch, dann rechts auf der Rua Marechal Saldanha zum* **10 Miradouro de Santa Catarina** ➤ S. 44. Vor Kurzem wurde dieser Treff der alternativen Reggae- und Gitarrenklampf-Community eingezäunt und „gentrifiziert", der weite Blick über den Tejo mit der Ponte 25 de Abril ➤ S. 54 und der Cristo- Rei-Statue ➤ S. 53 auf der anderen Seite ist aber geblieben. Wie ein Vogelnest hängt das **11 Noobai Café** *(tgl. 10–0 Uhr | noobaicafe.com)*, in das man übers Dach

9 Convento dos Cardães

10 Miradouro de Santa Catarina

11 Noobai Café

Shopping in der Embaixada: nobles Ambiente, noble Preise

hineinklettert, am Miradouro – für einen *cafézinho* mit Traumblick.

⑫ Largo de Camões
⑬ Rua Garrett
⑭ Largo do Carmo

LITERATUR UND KAFFEE

Zurück in der Calçada do Combro biegst du nach rechts ab, vorbei am charmanten **Elevador da Bica** (der kleinste der Stadt!) zum Platz des Nationaldichters **⑫ Largo de Camões**, ein beliebter "junger" Treffpunkt zwischen Bairro Alto und Chiado. In der **⑬ Rua Garrett** ist immer viel los, zwischen historischen Fassaden edler Juweliere, der weltältesten Buchhandlung, der **Livraria Bertrand** *(Nr. 73–75)*, und dem Kolonialwarenladen **Casa Pereira** *(Nr. 38)* – wie wär's hier mit Kaffee von den Kapverdischen Inseln oder aus Angola? *Von der originell bepflasterten Straße führt links die Calçada do Sacramento hoch zum lauschigen* **⑭ Largo do Carmo** mit der Klosterruine **Igreja do Carmo** ➤ S. 44 und Cafés unter Jacarandabäumen. *Descansa um bocado!* – Ruh dich ein wenig aus …

Trutzige Gottesburg in der Alfama: die Kathedrale Sé

4 STREIFZUG DURCH DIE ALFAMA

- Mittelalterliches Gassengewirr
- Eintauchen in Lissabons maurische Vergangenheit

Largo de Santo António

Conserveira

2 km

½ Tag, reine Gehzeit 45 Minuten

Kosten: 7,50 Euro (❷ **Museu Antóniano** 3 Euro, Toilette 0,50 Euro, Wandelgang der ❸ **Kathedrale Sé** 2,50 Euro, ❹ **Museu do Aljube** 3 Euro) zzgl. Verpflegung
Achtung: Eintritt ❷ **Museu Antóniano** So 10–13 Uhr frei!

ALTES GEMÄUER, DAS VIEL ZU ERZÄHLEN HÄTTE

Los geht's am ❶ Largo de Santo António. Auf dem Platz steht der Lieblingsheilige der Lisboetas: in Bronze gegossen und mit dem Jesuskind im Arm. Hier wurde er geboren; die Igreja de Santo António soll auf den Resten seines Elternhauses errichtet worden sein. Auch im frisch aufgehübschten ❷ Museu Antóniano *(Di–So 10–18 Uhr)* nebenan dreht sich alles um den Heiligen, der zuständig ist für Liebende, verlorene Objekte – und aussichtslose Fälle! Praktisch gegenüber liegen die saubersten und charmantesten öffentlichen Toiletten der Stadt *(Mo–Sa 9.30–13, 14–17.30 Uhr)* ... Am Berg erhebt sich die älteste Kirche Lissabons, die trutzige ❸ Kathedrale Sé ➤ S. 32. *Wer die Straßenbahnschienen weiter verfolgt, stößt links auf das* ❹ Museu do Aljube ➤ S. 32; das ehemalige Geheimdienstgefängnis der Salazar-Diktatur ist jetzt als Museum öffentlich zugänglich. Lesefreunde kommen am topsortierten Buchladen ❺ Fábula Urbis ➤ S. 82 nicht vorbei, der leider nur Do–Sa geöffnet ist.

❶ Largo de Santo António

❷ Museu Antóniano

❸ Kathedrale Sé

❹ Museu do Aljube

❺ Fábula Urbis

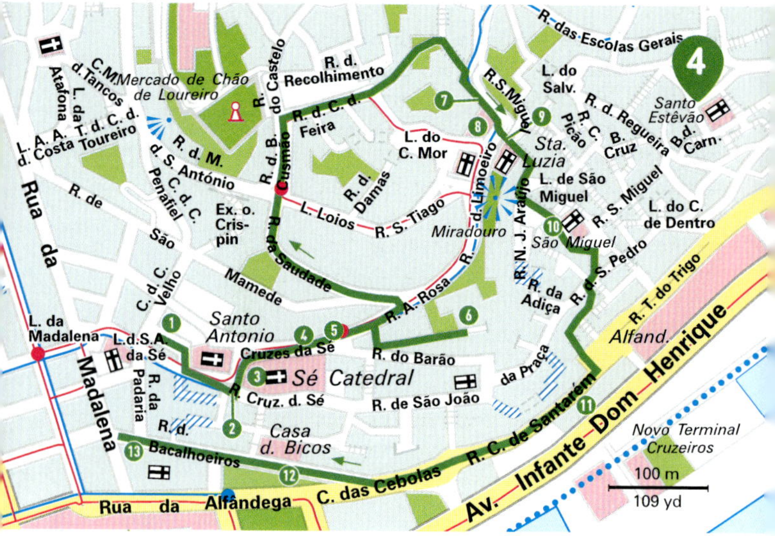

IM SCHATTEN DER BURG

Jetzt hat die doppelstöckige Terrasse des angesagten – und etwas versteckten, Achtung! – Hotels 6 **Memmo Alfama** geöffnet – mit fabulösen Ausblicken beim Milchkaffee; einfach nett an der Rezeption fragen, ob man auf die *esplanada* darf. *Zurück auf der Rua Augusto Rosa führt links die Rua da Saudade vorbei an den Ruinen des römischen Stadttheaters* aus der Zeit, als Lissabon noch Olisipo hieß. Die Alfama diente den arabischen Herrschern ab dem 8. Jh. als Medina, das Castelo de São Jorge ➤ S. 34 als Verteidigungsfestung. *Rechts an den Burgmauern entlang geht es durch das rote Tor der Nobelherberge Palácio Belmonte, links bergab, dann rechts hinunter zum* 7 **Largo das Portas do Sol**, bewacht vom Schutzheiligen Lissabons, São Vicente, in Stein gehauen mit einer Karavelle im Arm.

6 Memmo Alfama

7 Largo das Portas do Sol

Hungrig? Unter der Woche ist das günstige Buffet im 8 **Gartencafé** des hübschen **Museu de Artes Decorativas** ➤ S. 34 ein Geheimtipp. *Gegenüber geht es entlang der alten arabischen Stadtmauer* 9 **Cerca Moura** *die Treppen der Rua Norberto Araújo hinunter ins Gassengewirr.* Die Häuser sind geschmückt mit Töpfen vol-

8 Gartencafé

9 Cerca Moura

ler bunt blühender Geranien, in winzigen Käfigen zwitschern Kanarienvögel, Wäsche und Girlanden flattern in der Brise. *Über die Calçada da Figuera und den Beco da Corvinha geht es weiter bergab zur* reich ausgestatteten, leider selten geöffneten *Kirche* ⑩ **São Miguel**. Zur Rechten grüßt eins der ältesten Häuser der Alfama, bordeauxrot, mit vorspringendem Obergeschoss – um so viel Wohnraum rauszuholen und so viel Steuern zu sparen (nach Grundfläche!) wie möglich. *Rechts entlang der Rua de São Miguel biegst du vor der* **Torre de São Pedro de Alfama** *nach links bergab:* An den freigelegten Mauerschichten kann man die Stadtentwicklung ablesen. Wahnsinn: Auf dem winzigen Felsvorsprung stand einmal ein ganzes Haus! *Rechter Hand geht's jetzt vorbei am alten Königsbrunnen* ⑪ **Chafariz d'El Rei**. An den sechs Pumpen stand man zur Zeit der Entdeckungsreisen nach Stand, Geschlecht und ethnischer Zugehörigkeit geordnet an. Auch der architektonische Blickfang ⑫ **Casa dos Bicos** ➤ S. 32 stammt aus Portugals goldener Epoche. Und in der *Rua dos Bacalhoeiros* findest du in der ⑬ **Conserveira** (Nr. 34) bunte Fischkonserven – originelle und günstige Souvenirs.

⑩ São Miguel

⑪ Chafariz d'El Rei

⑫ Casa dos Bicos

⑬ Conserveira

São Vicente, der Schutzheilige LIssabons, bewacht den Largo das Portas do Sol

GUT ZU WISSEN

DIE BASICS FÜR DEINEN STÄDTETRIP

ANKOMMEN

ANREISE

Mit der Bahn *(bahn.de | cp.pt)* zu fahren – mit Umsteigen in Paris, dann in Hendaye/Irun und mit dem Sul-Express nach Lissabon für eine Ankunft morgens früh – hat seinen Charme, ist aber hochpreisig (ca. 400 Euro) und langwierig (ca. 24 Std.; bei der Rückfahrt muss eine Übernachtung in Paris eingelegt werden). Klar: Wer einen Lissabon-Besuch mit anderen europäischen Stationen verbinden kann, ist mit einem Interrail-Ticket gut dabei.

– 1 Stunde Zeitverschiebung

In Portugal gilt die Greenwich-Zeit. Es ist dort also eine Stunde früher als in Mitteleuropa

Die *Deutsche Touring (Tel. Servicehotline 069 971 944 833 | eurolines.de)* startet von vielen deutschen Städten aus nach Lissabon. Von Frankfurt/Main kostet die Busfahrt hin und zurück mindestens 240 Euro und dauert rund 32 Stunden (eine Strecke!).

Viele Gesellschaften fliegen Lissabon direkt an. Über Suchmaschinen wie *Skyscanner* oder direkt bei den Airlines bekommst du einen Flug ab 250 Euro mit TAP, Lufthansa, Easyjet, Ryanair oder Eurowings. Die Flugzeit ab Frankfurt/Main beträgt ca. 2 ½ Std. Der Flughafen Humberto Delgado liegt keine 10 km nördlich vom Stadtzentrum; der neue Ergänzungsflughafen auf dem anderen Flussufer geht frühestens 2022 in Betrieb.

Metroanschluss z. B. zum Rossio: rote Linie bis Alameda, dort in die grüne umsteigen *(Fahrt 1,50 Euro, plus 50 Cent für eine Kombikarte, s. Öffentl. Verkehrsmittel)*. Der AERO-Shuttlebus

Bahnhof Oriente im Park der Nationen

in die City startet vor der Ankunftshalle *(tgl. 8–23 Uhr alle 20 Minuten | 4, online 3,60 Euro | aerobus.pt)*, nur in diesem Bus werden große Koffer mitgenommen. Ein Taxi in die City kostet um die 12 Euro, die Taxi-Voucher von der Touristeninfo in der Ankunftshalle lohnen sich mit 21 Euro nicht. Achtung: Bei Taxifahrten kommt Nepp vor, deshalb besser zum Taxistand der Abflughalle *(Partidas)* gehen. Dorthin kannst du auch ein Uber-Taxi bestellen, wenn du die Uber-App auf dem Smartphone hast. Auch Cabify, Bolt und Kapten sind in Lissabon aktiv.

INSIDER-TIPP Ohne Abzocke ins Hotel

GEPÄCK

Flugzeug landet um 9 Uhr morgens, Airbnb-Check-in ist erst nachmittags möglich? Kein Thema: Es gibt überall Möglichkeiten, sein Zeug abzuladen. 24 Stunden zugänglich sind die Schließfächer *(citylockers.pt)* an der Praça da Figueira und Martim Moniz. Ansonsten kommerzielle Anbieter: *Dropbags & Go* neben der Anjos-Metrostation; die Drogerie von *Dona Laurinda* in der Partymeile der Mouraria *(Rua São Cristóvão)*, auf halber Höhe der Rua do Bemformoso, und im angesagten Graça-Viertel die coole *Camones-Lounge & Luggage Storage*, mit Sofas, superschnellem Internet und Miniküche *(facebook: Camones)*.

INSIDER-TIPP Fürs Gepäck der Digitalnomaden

MOBIL SEIN

In der Stadt bringt Selbstfahren nur Stress: wenig Parkplätze, enge Straßen voller Passanten, genervte Lissabonner, häufig sind die Straßen verstopft. Die grüne Versicherungskarte ist Pflicht. Taxifahren ist günstig, es gibt ein gutes städtisches Verkehrsnetz und Tuk-Tuks. Uber ist seit 2018 komplett legal und funktioniert gut – die Sympathie und Serviceorientiertheit der Fahrer steht in angenehmem Kontrast zu den oft schlecht gelaunten und -informierten Taxifahrern. Das neuste ist die *Lime S-App* für schnittige Roller. Das Einloggen kostet 1 Euro, dann jede Minute 15 Cent.

Typ C

Alles wie zu Hause!

ÖFFENTLICHE VERKEHRSMITTEL

Die *Carris* ist Betreiber der Stadtbusse, Eléctricos (Straßenbahnen, zu erkennen am E hinter der Liniennummer) und Elevadores (Aufzüge). Streckenpläne findest du an Bushaltestellen oder unter *carris.pt*. Die U-Bahn (Metro, *metrolisboa.pt*) ist schnell und bequem, Züge fahren von 6.30 bis 1 Uhr. Wer das Ticket an Bord kauft, zahlt für eine Busfahrt in der Innenstadt 1,80 Euro, für eine Metrofahrt 1,95 Euro. Am praktischsten und günstigsten sind aufladbare Chipkarten für alle Verkehrsmittel. Die weiße oder grüne *7-colinas-* oder *viva-viagem*-Karte kostet 0,50 Euro, zum Aufladen *(zapping)* ab 5 Euro. Du bekommst sie an den Metrostationen, in der Casa da Sorte (Praça da Figueira) und Postämtern. Überall dort kannst du die Karte nach Bedarf auch wieder aufladen. Der Zapping-Modus ist praktisch, wenn du auch mal die Vorortszüge und die Pendlerfähre nehmen willst. Ein Tagesticket für Metro, Straßenbahnen (inkl. 28E), Busse, Standseilbahnen und Elevadores kostet 6,30 Euro. Die Automaten an den Metrostationen bieten ein englischsprachiges Menü (Kleingeld bereithalten!) und manchmal sogar Personal zur Hilfestellung.

Online oder bei den *Turismos* bekommst du die *Lisboa Card*, mit der du kostenlos alle öffentlichen Transportmittel benutzen kannst. Außerdem ist der Eintritt in Museen und Sehenswürdigkeiten gratis oder mit Rabatt. Sie kostet für 24 Std. 19 Euro, für 48 Std. 32 Euro und für 72 Std. 40 Euro. Achtung, gut kalkulieren: Die *Lisboa Card (visitlisboa.com)* lohnt sich hauptsächlich für Museum-Maniacs, die auch nach Sintra fahren möchten, dagegen am Sonntag und Montag gar nicht, da am Sonntagmorgen meist freier Eintritt und montags geschlossen ist.

Personenfähren verkehren im 20-Minuten-Takt ab ca. 5.30 bis ca. 2 Uhr. Fährstationen am Cais do Sodré, Terreiro do Paço und in Belém. Tickets auf die andere Seite des Tejo kosten je nach Ziel zwischen 1,15 Euro und 2,70 Euro. Achtung: Nach Trafaria und P. Brandão geht die letzte Fähre schon um die 21 Uhr. *transtejo.pt*

Vorortzüge *(Comboio suburbano):* Die Züge nach Estoril/Cascais fahren im 20-Minuten-Takt ab Cais do Sodré, Ticket 2,20 Euro, die Fahrt nach Cascais (über Stationen mit Strand-Infrastruktur wie z. B. Carcavelos) dauert ca. 35 Minuten. Die Züge nach Sintra verkeh-

ren im 20-Min.-Takt ab Bahnhof Rossio, Fahrtzeit 45 Min., Ticket 4,60 Euro (hin und zurück), *cp.pt*. Unbedingt vorher die Zapping-Karte kaufen, um nicht in der langen Schlange zu stehen! Es gibt verschiedene Kombitickets mit Zug/Bus und Palästen, wie die Sintra Green Card. Eine Alternative ist das neue 10,15-Euro-Ticket: 24 Std. für alle Lissabonner Verkehrsmittel plus Sintra und Cascais.
Busse der Gesellschaft *TST (tsuldotejo.pt)* nach Costa da Caparica, dem Startpunkt für kilometerlange Strände, fahren ab Praça Espanha (Nr. 153) und Areeiro (Nr. 161), ca. 7,50 Euro hin und zurück. Carris-Beach Shuttle in der Saison *(10 Euro, drei Hin- und Rückfahroptionen)*.

MIETFAHRZEUGE

Alle großen Anbieter *(Hertz, Avis, etc.)* sind in Lissabon vertreten, aber Geld lässt sich sparen bei *InterRent* am Flughafen und Santa Apolónia-Bahnhof *(interrent.com)*. Es genügt ein deutscher Führerschein. Achtung: Warnwesten- und Gurtpflicht! Hohe Strafen! Tempolimits: auf Landstraßen 90 km/h, auf Autobahnen 120, bei Führerscheinbesitz unter einem Jahr 90 km/h. Promillegrenze: 0,5. Scooter verleiht u. a. *Lx Rent a Scooter (tgl. 9.30–18.30 Uhr | Campo das Cebolas 21 | lxrentascooter.pt)*

TAXI

Taxifahren in Lissabon ist günstig. Die Taxis sind meist schwarz mit grünem Dach. Taxiruf: *Radio Taxis de Lisboa | Tel. 2 18 11 11 11*. Der Taxameter wird beim Start auf 3,90 Euro geschaltet, Gepäck (1,60 Euro) und Taxiruf (0,80 Euro) kosten extra. Schwarze Schafe, die einen übers Ohr hauen möchten, gibt es leider häufig am Flughafen. Bestehe darauf, dass der Taxameter eingeschaltet wird, und mach im Zweifel ein Foto von der Lizenz des Fahrers.

TUK-TUK

Die asiatisch inspirierten, bunt bemalten Tuk-Tuk-Wägelchen, die durch die engste Gasse passen, haben die Stadt erobert und warten an der Kathedrale, entlang der Rua de Julião in der Baixa oder der Rua Garret im Chiado. Nimm unbedingt die elektrisch betriebene, geräuschlose Variante, etwa von *Ecotuktours (ecotuktours.com)*.

VOR ORT

AUSKUNFT IN LISSABON

TOURISTENINFORMATIONEN (TURISMOS)

– *Palácio Foz | Praça dos Restauradores | Tel. 2 13 64 33 14 | askmelisboa.com | tgl. 9–20 Uhr | Metro (blau) Restauradores*
– *Flughafen Humberto Delgado (Ankunftshalle) | Tel. 2 18 45 06 60 | tgl. 7–24 Uhr*
– *Bahnhof Estação de Santa Apolónia (Terminal Internacional) | Tel. 2 18 82 16 06 | Mo–Sa 8–13 Uhr*
– *Lisboa Welcome Center | Praça do Comércio | Tel. 2 10 31 28 10 | tgl. 9–20 Uhr | Metro (blau) Terreiro do Paço*

BANKEN & KREDITKARTEN

Banken sind *Mo–Fr 8.30–15 Uhr* geöffnet. Mit EC-Karte bekommst du an Automaten *(Multibanco)* Geld; die häufigen, blau-gelben EURONET-ATMs sind übersichtlicher in der Anwendung (und teurer) als die portugiesischen Multibancos. Ausländische Kreditkarten werden meist nur in großen Läden, Restaurants, Hotels etc. akzeptiert. In kleinen Läden und bei Taxifahrern bricht spätestens bei 50-Euro-Scheinen die Wechselgeldkrise aus.

FEIERTAGE

1. Jan.	Neujahr
25. Feb. 2020, 16. Feb. 2021, 1. März 2022 *Carnaval/Entrudo* (Faschingsdienstag)	
im April	*Sexta-feira Santa* (Karfreitag)
im April	*Páscoa* (Ostersonntag)
25. April	*Dia da Liberdade* (Tag der Freiheit)
1. Mai	Tag der Arbeit
im Mai	Fronleichnam
10. Juni	*Dia de Portugal/Dia de Camões*
15. Aug.	Mariä Himmelfahrt
5. Okt.	Tag der Republik
1. Nov.	Allerheiligen
1. Dez.	*Dia da Restauração*
8. Dez.	Mariä Empfängnis
25. Dez.	Weihnachten

POST

Öffnungszeiten der Postämter: *Mo–Fr 9–18 Uhr.* Hauptpostamt an der *Praça dos Restauradores | Mo–Fr 8–22, Sa/So 9–18 Uhr.* Briefmarken *(selos)* gibt es auch an Automaten und in Tophotels. Briefe heißen *cartas*, Postkarten *postais*. Das Porto für Briefe wie Karten in den EU-Raum beträgt 86 Cent. Achtung: Manch gewiefter Souvenirladen verkauft sie für 1 Euro oder mehr, der Wert steht nicht auf der Marke! Briefkästen sind rot, Expresspost *(Correio Azul)* (kostet mehr) blau. Post nach Deutschland dauert 3–5 Tage.

STADTTOUREN

BIKE IBERIA

Biketouren durch die Stadt, auch (E-) Bike-Verleih. Sympathisch: Dein Rad kann dir auch ans Hotel gebracht werden. Wie wär's mit der aktiven City-Strand-Kombi: Nach Belém radeln, dort die Trafaria-Fähre nehmen, so kommt man schnell zum São-João-Strand an der Costa da Caparica. *Tgl. ab 9.30 Uhr | Largo Corpo Santo 5 | Tel. 2 13 47 03 47 | Tel. 9 69 63 03 69 | bikeiberia.com*

INSIDER-TIPP
Geniale Fahrrad-Schiff-Kombi

HALCYON I

Die wunderschön restaurierte „Halcyon I" startet zu Segelschifffahrten: Exklusivtörns von den Docas zu Füßen der Alfama für kleine Gruppen ab 2 Personen. Es wird täglich gesegelt, kontaktier einfach Skipper Luis! Oder wie wär es mal mit einem Silvester-Feuerwerks-Törn? *Nach Voranmeldung | ab 45 Euro | Doca de Alcântara | Pier 701 | Tel. 9 13 67 19 56 | Eléctrico 15 Cais da Rocha | Vorortszug von Cais do Sodré: Santos | Bus 714 Praça da Armada, nach einem Holzpavillon Ausschau halten*

LISBOA AUTÊNTICA

Hochoriginelle Stadtführungen eines jungen engagierten Teams, auch auf Deutsch: z. B. „Lisbon Essential" mit praktischen Tipps *(3 Std., ab 3 Personen, Voranm. nötig, 35 Euro inkl. Getränk und Süßspeise sowie ÖPNV)* Oder radel die fiesen Hügel der schönen Serra de Sintra hoch – mit einem E-Bike ein Klacks! Kulinarik-Tour ab 40 Euro pro Nase ab 2 Personen. *Tel. 913221790 | Tel. 969233891 | lisboaautentica.com/de*

LISBON BY BOAT

Auf diesen angenehmen Flusstouren in sympathischer Begleitung werden die Infos zur Stadt mit leckeren Azorenkäse-Häppchen garniert, plus Bierchen, Kaffee oder Tee. Wenn der Wind weht, wird das Segel gehisst. Gut mit einem Belém-Tag zu verbinden: Den Bus mit dem Ticketverkauf und den Anleger in der Marina (Doca de Belém) findest du direkt auf der linken Seite, wenn du, vom Hieronymuskloster kommend, von der Unterführung hochsteigst. *lisbonbyboat.com*

MOURARIA STADTFÜHRUNGEN

Zweisprachige Führungen (Port. und Engl.) durch das so altehrwürdige wie aktuelle Trendviertel (20 Euro pro Person bei 2–4 Personen).

INSIDER-TIPP
Man spricht Deutsch

Ab zwei Personen kann man auch eine private deutschsprachige Führung buchen. Treffpunkt: Nossa Senhora da Saúde- Kirche *(N8) Sa 15 Uhr | Martim Moniz | facebook: Renovar a Mouraria | Eléctrico 28, Metro (grün) Martim Moniz.*

WILD WALKERS

So „wild" sind diese englischsprachigen Stadtführungen gar nicht, aber originell und engagiert. Mo, Mi, Fr geht's durchs moderne Lissabon, Do, Sa, So durch die Altstadt. Das Ganze läuft auf Trinkgeldbasis *(Richtwert: 4–5 Euro). Tgl. 10.30 Uhr | Treffpunkt Rossio, Brunnen vor der Statue (achte auf das rote T-Shirt) | wildwalkers.eu | Metro (grün) Rossio.* Die „Wilden Wanderer" bieten Mi, Sa und So *(Treffpunkt Rossio, 20.30 Uhr)* einen Fadoabend an (Festpreis inklusive Abendessen 30 bzw. 25 Euro für Walk-Teilnehmer). Um 23 Uhr findet das „Kneipenkriechen" (Pub Crawl) im Bairro Alto unter portugiesischer Partyleitung statt. Gut für einen ersten, günstigen Überblick über die Szene *(Treffpunkt Largo Luis de Camões | Sommer tgl., Winter Mo, Mi–Sa, | 15 Euro inkl. großzügiger Getränke | Metro (blau, grün) Baixa-Chiado). | a4*

WAS KOSTET WIE VIEL?

Wein	12 Euro *für eine Flasche Hauswein*
ÖPNV	6,15 Euro *Tageskarte*
Espresso	0,60–1,50 Euro *für eine Tasse*
Kuchen	1–4 Euro *für ein Stück*
CD	12 Euro *CD mit portugiesischer Musik*
Fado	20 Euro *Mindestverzehr in einem größeren Fadolokal*

TELEFON & HANDY

EU-weit wurden Roaminggebühren abgeschafft. Dies bedeutet nicht, dass eine Flatrate für das deutsche Netz auch automatisch eine Flatrate für das portugiesische Netz ist. Fürs mobile Surfen gelten die Konditionen deines Vertrags und Anbieters. Batterie leer? Eine Powerbank in der Handtasche ist eine gute Anschaffung (z.B. bei *vodafone* oder *fnac*). Wer im Café höflich nach einer *tomada* (Steckdose) fragt, dürfte meistens Erfolg haben. *Öffentliche Telefonvorwahl nach Portugal: 00351, nach Deutschland: 0049, nach Österreich: 0043, in die Schweiz: 0041.*

TRINKGELD

Die Portugiesen sind keine Trinkgeldgeier, freuen sich aber natürlich über eine *gorjeta* für guten Service. Als Richtwert im Restaurant gelten 10 Prozent des Rechnungsbetrags; mittags oder im Café ist weniger okay.

VORVERKAUF

Karten für Kultur- und Sportveranstaltungen sind hier erhältlich: *ABEP-Kiosk (Praça dos Restauradores | Av. da Liberdade | nahe Hauptpost und Turismo | Metro (blau) Restauradores); Fnac (Armazéns do Chiado | tgl. 10–23 Uhr | fnac.pt | Metro (blau, grün) Baixa-Chiado)*

WLAN

Gratis-WiFi verbreitet sich immer mehr, wer online ist, hat Zugang zu allen wichtigen Stadtinfos. Wo es keines gibt: vodafone *(vodafone.pt)* z. B. bietet für 20 Euro ein Paket mit 5GB Daten plus SMS national und international.

NOTFÄLLE

NOTRUF

Polizei und Unfallhilfe: *Tel. 112* (landesweit)

POLIZEI

Es gibt eine Polizeiwache mit 24-Std.-Service speziell für Touristen *(PSP-Esquadra de Turismo | Tel. 213421623 | Palácio Foz | neben dem Turismo am Praça dos Restauradores | Metro (blau) Restauradores)* und eine weitere in der *Rua da Prata 68.*

SICHERHEIT

Gemessen am europäischen Durchschnitt ist die Kriminalitätsrate in Portugal nach wie vor gering, aber der Taschendiebstahl hat zugenommen. Vorsicht gilt vor allem dort, wo es Gedränge gibt, etwa in der Linie 28 oder der Baixa-Fußgängerzone, in der Castelo-Gegend und auch schon in der Graça. Lass persönliche Dokumente unbedingt sicher im Hotel(-safe) und nimm nur so viel Bargeld mit, wie du brauchst.

MEDIZINISCHE NOTFÄLLE

Die europäische Krankenversicherungskarte EHIC gilt auch in Portugal. Deutsch sprechende Ärzte bei Botschaften erfragen. Bei den privaten *Hospitais* wird die Kreditkarte belastet. Notfallstation mit 24-Stunden-Dienst: *Hospital de São José (Rua José Antó-*

nio Serrano | Tel. 2 18 84 10 00 | Metro Martim Moniz)

DIPLOMATISCHE VERTRETUNGEN

BOTSCHAFT DER BUNDESREPUBLIK DEUTSCHLAND
Campo dos Mártires da Pátria 38 | Tel. 2 18 81 02 10 | Mo–Fr 9–12 Uhr | Notfall-Tel. 9 65 80 80 92 | lissabon.diplo.de | Metro (blau) Restauradores | dann Elevador da Lavra | Bus 760, Mártires da Pátria

ÖSTERREICHISCHE BOTSCHAFT
Av. Infante Santo 43 | 4. Stock | Tel. 2 13 94 39 00 | Mo–Fr 9.30–13 Uhr, nach Voranm. auch bis 17 Uhr | Notfall-Tel. 9 62 51 41 11 | embaixadada austria.pt | Bus 720–738 Av. Infante Santo (Gasómetro)

SCHWEIZERISCHE BOTSCHAFT
Konsularische Angelegenheiten (Visa, Ausweise) nur über Madrid. *Travessa do Jardim 17 | Tel. 2 13 94 40 90 | Mo–Fr 9–12 Uhr | eda.admin.ch/lisbon | Eléctrico 25, 28 R. Domingos Sequeira*

WICHTIGE HINWEISE

ZOLL
Innerhalb der EU dürfen Touristen Waren für den persönlichen Verbrauch frei ein- und ausführen. Als Richtwerte gelten u. a. 800 Zigaretten und 10 l Spirituosen. Schweizer Touristen dürfen zollfrei einführen: 1 l Spirituosen, 5 l Wein und 250 Zigaretten.

WETTER IN LISSABON

Hauptsaison
Nebensasion

	JAN.	FEB.	MÄRZ	APRIL	MAI	JUNI	JULI	AUG.	SEPT.	OKT.	NOV.	DEZ.
Tagestemperaturen	14°	15°	17°	20°	21°	25°	27°	28°	26°	22°	17°	15°
Nachttemperaturen	8°	8°	10°	12°	13°	15°	17°	17°	17°	14°	11°	9°
Sonnenschein Stunden/Tag	5	6	6	9	10	11	12	11	9	8	6	5
Niederschlag Tage/Monat	11	8	11	7	7	2	1	1	4	7	9	11
Wassertemperatur in °C	14	14	14	15	16	17	18	19	19	18	16	15

Sonnenschein Stunden/Tag Niederschlag Tage/Monat Wassertemperatur in °C

SPICKZETTEL PORTUGIESISCH

SMALLTALK

ja/nein/vielleicht	sim/não/talvez	ßiing/nau/tal'wesch
bitte	se faz favor	ß fasch fa'wor
danke	obrigado (m)/obrigada (f)	obri'gadu/obri'gada
Gute(n) Morgen!/Tag!/ Abend!/Nacht!	Bom dia!/Bom dia!/Boa tarde!/Boa noite!	bong 'dia/bong 'dia/'boa 'tard/'boa 'noit
Hallo!/Tschüss!	Olá!/Cião!	o'la/tschau
Ich heiße …	Chamo-me …	'schamu-me
Wie heißt du?/Wie heißen Sie?	Como te chamas?/Como se chama?	'komu te 'schamas/ 'komu se 'schama
Ich komme aus …	Sou de …	souh dö
Entschuldige!/ Entschuldigen Sie!	Desculpa!/Desculpe!	disch'kulpa/disch'kulp
Wie bitte?	Como?	'komu
Das gefällt mir (nicht).	(Não) Gosto disto.	(nau) 'goschtu 'dischtu
gut/schlecht	bem/mal	bäi/mal

ZEIGEBILDER

ESSEN & TRINKEN

Die Speisekarte, bitte.	A ementa, se faz favor.	**ah ih'menta, ß fasch fa'wor**
Flasche/Glas	garrafa/copo	**gar'raffa/'koppu**
Salz/Pfeffer/Zucker	sal/pimenta/açúcar	**ßall/pi'menta/a'ßuhkar**
Essig/Öl	vinagre/azeite	**wi'nahgre/a'säite**
Messer/Gabel/Löffel	faca/garfo/colher	**'faka/'garfu/kul'jer**
Milch/Sahne/Zitrone	leite/nata/limão	**'läite/'nahta/li'mau**
mit/ohne Eis/ Kohlensäure	com/sem gelo/gás	**kong/ßäing 'schelu/ gasch**
Vegetarier(in)/Allergie	vegetariano, -a/alergia	**weschetari'anu, -a/ aller'schia**
Rechnung	conta	**konta**
Ich möchte zahlen, bitte.	A conta, se faz favor.	**ah 'konta, ß fasch fa'wor**
bar/Kreditkarte	em dinheiro/com cartão de crédito	**äi din'jäiro/kong kar'tau dö 'krehditu**

NÜTZLICHES

Wo ist ...?/Wo sind ...?	Onde é ...?/Onde são ...?	**'onde eh/'onde ßau**
Wie viel Uhr ist es?	Que horas são?	**keh 'orasch ßau**
Es ist drei Uhr.	São três horas.	**ßau tres 'orasch**
heute/morgen/gestern	hoje/amanhã/ontem	**'osche/amman'ja/'ontäim**
Wie viel kostet ...?	Quanto custa ...?	**'kuantu 'kuschta**
Wo finde ich einen Internetzugang?	Onde há acesso à internet?	**onde ah a'ßeßu ah 'internet**
Hilfe!/Achtung!	Socorro!/Atenção!	**ßu'korru/atten'ßau**
Fieber/Schmerzen	febre/dores	**'fehbre/'dohresch**
Apotheke/Drogerie	farmácia/drogaria	**far'mahßia/droga'ria**
Verbot/verboten	interdição/proibido	**interdi'ßau/prui'bidu**
kaputt/funktioniert nicht	estragado/não funciona	**ischtra'gadu/nau fung'ziona**
Panne/Werkstatt	avaria/garagem	**awa'riah/ga'rahschäing**
Fahrplan/Fahrschein	horário/bilhete	**o'rahriju/bil'jet**
0/1/2/3/4/5/6/7/8/9/ 10/100/1000	zero/um, uma/dois, duas/ três/quatro/cinco/seis/ sete/oito/nove/dez/ cem/mil	**'säru/'ung, 'uma/'doisch, 'duasch/tresch/'kuatru/ 'ßinku/'ßäisch/'ßät/'oitu/ 'noww/'däsch/'ßäi/mil**

LISSABON FEELING

ZUM EINSTIMMEN & AUSKLINGEN

LESESTOFF & FILMFUTTER

LISSABON – IM LAND AM RAND

Zweisprachige Einführung ins Leben in Lisboa von der jungen Illustratorin Alexandra Klobouk, die ihr intensives Lissabon-Jahr in Buchform brachte (2015). Von ihr gibt's auch einen Superband zur portugiesischen Küche

PORTUGIESISCHES ERBE – EIN LISSABON-KRIMI

Hinter dem Pseudonym Luis Sellano steckt ein deutscher Autor mit Faible für Vinho Verde und Natas. Der Krimi (2016) verrät viel über die Stadt. Folgeband: „Portugiesische Rache" (2017)

NACHTZUG NACH LISSABON

Der Verfilmung (2013) des Bestsellers von Pascal Mercier fehlte vielleicht ein bisschen der philosophische Background. Aber die atmosphärischen Lissabon-Bilder lassen die Zeit des Salazar-Regimes aufleben

SÃO JORGE

Portugal unter der Troika-Geißel. Ein Boxer lässt sich auf die Arbeit für ein Inkassobüro ein. Einfühlsam erzählter Film (2016); die Kamera ringt den abgerissenen Hochhäusern und Baracken auf der Südseite des Tejo eine rohe Schönheit ab

PLAYLIST QUERBEET

0:58

II SARA TAVARES – PONTO DE LUZ
Melodischer Song der 1978 als Kind kapverdischer Eltern geborenen Creole-Soul-Sängerin mit der sanften, eindringlichen Stimme

▶ MADREDEDEUS – A VACA DO FOGO
Inzwischen schon klassischer, elegischer Fado-Pop mit der göttlichen, dunklen Stimme von Teresa Salgueiro

▶ CAMANÉ – SEI DE UM RIO
Guten Abend, Tristesse! Gieß dir einen Portwein ein und gib dich diesem Top-Fadosänger hin

▶ RICHIE CAMPBELL – SLOWLY
Ricardo Dias de Lima Ventura da Costa wuchs in Lissabon auf, zwischen Reggae und Dancehall, Mornas, Afrobeats und Hip-Hop

▶ DEAD COMBO – LISBOA MULATA
Eine Hommage der Modern-Folk-Veteranen an das multikulturelle, hippe Lissabon

Den Soundtrack zum Urlaub gibt's auf **Spotify** unter **MARCO POLO Portugal**

Oder Code mit Spotify-App scannen

AB INS NETZ

BLOCAL-TRAVEL.STREET.COM
In Lissabon boomt die Street Art; auf dieser englischsprachigen Seite findest du Filetstücke wie die Kronos-Monster-Kreationen der Brasilianer Os Gemeos auf der Avenida Fontes Pereira de Mel und viele anderes Pieces.

MEETUP.COM
Neue Leute treffen und dabei auch noch was lernen: Das Meet-up-Phänomen aus den USA hat auch Lissabon erreicht. Ob Yoga-Lover, Naturfreunde, Geeks, für jeden ist was dabei. Die Treffen sind meist gratis.

SPOTTEDBYLOCALS.COM
Englischsprachige iPhone-App der bewährten Spotted-By-Locals-Community: Wahl-Lissabonner teilen mit Enthusiasmus die Perlen, die sie in der Stadt finden: Restaurants, Märkte, Parks, Shops, Clubs etc.

SHAKEITPHOTO-APP
Mit dieser App von Banana Camera schießt ihr iPhone-Bilder wie mit der guten alten Polaroid, sogenannte „fauxlaroids". Für 2,29 Euro bei iTunes; für Android-Anhänger gibt's Polaroid Fx jetzt für lau.

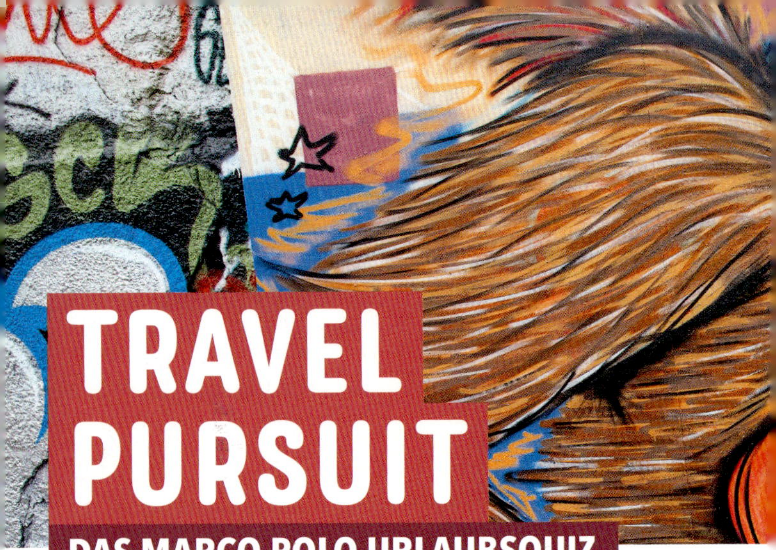

TRAVEL PURSUIT

DAS MARCO POLO URLAUBSQUIZ

Weißt du, wie Lissabon tickt? Teste hier dein Wissen über die kleinen Geheimnisse und Eigenheiten von Stadt und Leuten. Die Lösungen findest du in der Fußzeile. Und ganz ausführlich auf den S. 20–25.

❶ Welche Religion ist in Lissabon am weitesten verbreitet?

a) Katholizismus
b) Benfiquismus
c) Sportingismus

❷ Was wird in Lissabons afrikanischen Clubs getanzt?

a) angolanischer Foxtrott & mozambikanischer Rumba
b) Kizomba & Kuduro
c) Pimba & Fado-Dance

❸ Worum geht's beim *convívio*?

a) gemütliches Zusammensein mit Familie und Freunden
b) Treffen zwischen Airbnb-Nutzern
c) generationenübergreifendes Wohnen

❹ Wie heißen die berühmtesten Lissabonner Street-Art-Künstler?

a) Tom und Jerry
b) Cristiano und Ronaldo
c) Vhils und Bordalo II.

❺ Was ist Spaniens Connection zu den ganzen Wandfliesen in Lissabon?

a) Alle Azulejos werden heute in Spanien hergestellt
b) Die Azulejomode kamen über das maurische Spanien nach Lissabon
c) Die Spanier kaufen statistisch gesehen die meisten Souvenirkacheln

Lösungen: 1a, 2b, 3a, 4c, 5b, 6b, 7c, 8b, 9c, 10b, 11a

Graffiti auf Hauswand

❻ Mit welchem Produkt ist Portugal Exportweltmeister?

a) mit Personenaufzügen

b) mit Kork

c) mit Spezialhandschuhen für die Fischverarbeitung

❼ Woran litt der Nationaldichter Fernando Pessoa?

a) an Staubmilben-Allergie (von den ganzen Büchern)

b) am „Tennisarm"-Syndrom vom Schreiben unter zu vielen Pseudonymen

c) an Alkoholproblemen

❽ Wer regiert Portugal?

a) König Marcelo I.

b) eine sozialistisch-linke Koalition

c) ein Immobilien-Konglomerat und die Troika

❾ Worin drückt sich das portugiesische Nationalgefühl der *saudade* aus?

a) im Fischessen

b) im Frühsport

c) im Fado

❿ Wie heißt der berühmte portugiesische Wallfahrtsort?

a) Lourdes

b) Fátima

c) Estádio da Luz in Benfica

⓫ Welcher Schutzpatron ist für verlorene Gegenstände zuständig?

a) der heilige António

b) die heilige Esmeralda

c) der heilige Figo

REGISTER

LOB ODER KRITIK? WIR FREUEN UNS AUF DEINE NACHRICHT!

Trotz gründlicher Recherche schleichen sich manchmal Fehler ein. Wir hoffen, du hast Verständnis, dass der Verlag dafür keine Haftung übernehmen kann.

MARCO POLO Redaktion • MAIRDUMONT • Postfach 31 51
73751 Ostfildern • info@marcopolo.de

Impressum
Titelbild: Alfama, Miradouro das Portas do Sol (Schapowalow: R. Schmid)
Fotos: AWL: M. Abreu (56/57), M. Bottigelli (142/143), K. Kozlowski (26/27); DuMont Bildarchiv: M. Gumm (21, 60, 90/91, 111, 114/115), T.P. Widmann (17); R. Freyer (85); Getty Images/Volvo Ocean Race: I. Roman (55); Gettyimages/EyeEm: G. Bakos (10); huber-images: S. Lubenow (2/3, 89); G. Knoll (39); laif: T. Gerber (38, 69, 78/79), M. Gumm (74, 127, 131), P. Merimee-Rea (100), T. & B. Morandi (4, 52), D. Schwelle (64/65); laif/4SEE: L. F. Catarino (45, 96, 99); laif/hemis.fr: F. Guiziou (22), Pierre Jacques (50/51); laif/Polaris: A. Isidoro (106/107); laif/SZ Photo: J. Giribas (77); Look:.K. Johaentges (59, 73), H. Leue (108/109); Look/age fotostock (6/7); mauritius images/age (124); mauritius images/Alamy (8, 9, 32/33, 34, 95, 121), P. Bernhardt (112/113), P. Delius (Klappe aussen, Klappe innen, 1), O. Espinosa (128), K. Foy (48), M. Gottschalk (11), M. Ramirez (41); mauritius images/Alamy/Jeffrey Isaac Greenberg 3 (86); mauritius images/Alamy/Kpzfoto (70); mauritius images/Endless Travel/Alamy (144/145); mauritius images/Hemis.fr: P. Jacques (104/105); mauritius images/Hemis.fr/JACQUES Pierre: M. Ramirez (42); mauritius images/imagebroker: S. Kiefer (83), M. Wolf (12/13); mauritius images/Onoky: B. Bacou (62/63); mauritius images/robertharding: G&M Therin-Weise (132/133); mauritius images/Zoonar/Alamy (25); MG de Saint Venant (147); Schapowalow: R. Spila (12/13), L. Vaccarella (14/15); vario images/Cultura RF: G. Barriga (102/103)

17. Auflage 2020, komplett überarbeitet und neu gestaltet

Autorin: Kathleen Becker; Redaktion: Jochen Schürmann; Bildredaktion: Ina-Marie Inderka
Kartografie: © MAIRDUMONT, Ostfildern (S. 116–117, 119, 123, 126, 130, Umschlag innen, Umschlag außen, Faltkarte); © MAIRDUMONT, Ostfildern, unter Verwendung von Kartendaten von OpenStreetMap, Lizenz CC-BY-SA 2.0 (S. 28–29, 31, 37, 43, 46, 49, 61, 66–67, 80–81, 92–93)
Als touristischer Verlag stellen wir bei den Karten nur den De-facto-Stand dar. Dieser kann von der völkerrechtlichen Lage abweichen und ist völlig wertungsfrei.
Gestaltung Cover, Umschlag und Faltkartencover: bilekjaeger_Kreativagentur mit Zukunftswerkstatt, Stuttgart; Gestaltung Innenlayout: Langenstein Communication GmbH, Ludwigsburg
Spickzettel: in Zusammenarbeit mit PONS GmbH, Stuttgart
Konzept Coverlines: Jutta Metzler, bessere-texte.de
Printed in China

FSC www.fsc.org MIX Paper from responsible sources FSC® C124385

MARCO POLO AUTORIN
KATHLEEN BECKER
Die Autorin, Übersetzerin und Reiseleiterin mit hessisch-irischen Wurzeln war 2001 zum ersten Mal in Lissabon, um für den Rundfunk über ein Fadofestival zu berichten, später wurde die Stadt ihr Zuhause. Sie kam wegen der Liebe – und blieb wegen der Stadt: wegen ihrer Farben und Kontraste, ihrer sanften Melodien, ihrer Geschichte(n) und einem internationalen Freundeskreis aus Leuten, denen es genauso ging.

BLOSS NICHT!

FETTNÄPFCHEN UND REINFÄLLE VERMEIDEN

VORDRÄNGELN

An den Bus- und Tramhaltestellen läuft es very British: Man steht brav in der Schlange, und das wird von den Einheimischen gruppendynamisch kontrolliert. Wer keinen Tobsuchtsanfall des Fahrers riskieren will, steigt auch nie hinten ein!

ZUM DANK GRACIAS SAGEN

Danke heißt auf Portugiesisch *obrigada* (weibl. Sprecher) und *obrigado* (männl. Sprecher), egal mit wem du sprichst. Also im Zweifelsfall lieber *Thank You* als das spanische *gracias*.

AUF DEN GRUSS AUS DER KÜCHE ZÄHLEN

Brot, Käse, Oliven, Schinken warten schon auf dem Restauranttisch? Schön! Dieses *couvert* kann teuer werden. Laut Gesetz müssen Gäste nichts zahlen, was sie nicht bestellt bzw. konsumiert haben, und der Preis dieser Posten muss auf der Karte stehen bzw. kommuniziert werden. Am besten das, was du nicht möchtest, gleich zurückgehen lassen und am Ende die Rechnung checken

SICH LORBEER ANDREHEN LASSEN

Im toleranten Portugal ist der Besitz von Minimengen Cannabis zum Eigengebrauch legal. Trickreiche Zeitgenossen nutzen die Ahnungslosigkeit von Touris aus und verkaufen gepressten Lorbeer. Teures Vergnügen ohne High ...!

UNVORSICHTIG SEIN

Portemonnaie in der Hosentasche, iPhone auf dem Cafétisch oder Wertsachen im Rucksack sind eine Einladung an Diebe. Auch wenn's peinlich aussieht: Rucksack nach vorn! Nachts in dunklen Gassen nie alles Geld dabeihaben oder zu offensichtlich Kamera oder Handy zeigen. Frauen werden zwar seltener Opfer von Anmache als in anderen südlichen Ländern – derbe Kommentare sind sogar gesetzlich verboten - trotzdem Vorsicht, klar, und lieber ein (günstiges!) Taxi nehmen.